老板财税管控：
税收筹划100问

邓勋 著

中国商业出版社

图书在版编目（CIP）数据

老板财税管控：税收筹划100问 / 邓勋著. -- 北京：中国商业出版社，2023.3
ISBN 978-7-5208-2329-6

Ⅰ.①老… Ⅱ.①邓… Ⅲ.①企业管理—税收筹划—问题解答 Ⅳ.①F810.423-44

中国版本图书馆CIP数据核字(2022)第224502号

责任编辑：包晓嫱
（策划编辑：佟彤）

中国商业出版社出版发行
（www.zgsycb.com 100053 北京广安门内报国寺1号）
总编室：010-63180647　编辑室：010-83118925
发行部：010-83120835/8286
新华书店经销
香河县宏润印刷有限公司印刷

*

710毫米×1000毫米　16开　14印张　160千字
2023年3月第1版　2023年3月第1次印刷
定价：58.00元

****

（如有印装质量问题可更换）

前言

"企业所得税居然会缴这么多。""企业要缴纳的税种好多。"不少刚刚创业成为老板的人，都会发出类似的感慨。税金是所有企业都绕不开的一个重要事项。在实际经营活动中，企业因行业不同、地区不同、规模不同、营业收入不同，需要缴纳的税金也各不相同。

既然企业所需缴纳的税款种类繁多，那就要对其进行合理的筹划。

总的来说，企业的税收筹划要遵循以下三大原则。

一是诚信原则。诚信可以有效降低企业与政府之间的沟通成本，让企业的经营活动更顺畅，还能直接影响股东、管理人、员工以及商业合作伙伴之间的信任度，抑制过度的机会主义倾向，进而降低内外部合作成本。因此，每个企业开展税收筹划都要坚持诚信原则。

二是法治原则。税收法律、法规是征纳税的唯一依据，企业在开展税收筹划时，要坚持法治原则，一切以国家的税收法律、法规为准。需要注意的是，企业的税收法规、税收优惠政策等时有变动，因此需要有一定的法律敏感性，经常关注国家的最新税收政策。

三是节约原则。节约，顾名思义，就是尽可能把企业的税收成本控制在较低水平，企业税收成本管理的目的是节税，只有遵循这一根本原则，才能找准税收成本管理的方向，从而进一步减轻企业的税收负担，提高企业的盈利能力和市场竞争力。

为帮助广大企业老板做好税收筹划工作，特编写《老板财税管控：税收筹划100问》。本书写作的目的在于帮助企业老板弥补税收筹划方面的知识，尤其是税收法律法规短板，帮助其解决常见的税收筹划难题，并最终达到在法律允许的范围内，利用税收优惠政策合理合规节税的目的。

最后，希望本书内容能够对广大企业老板有所助益。

| 目 录 |

第一章　税收筹划基本理论

1. 什么是税收筹划？ / 2
2. 税收筹划的法理基础是什么？ / 4
3. 税收筹划与偷税、欠税、漏税、抗税、骗税、避税的区别是什么？ / 6
4. 什么是有效的税收筹划？ / 9

第二章　税收筹划的运作框架

5. 税收筹划如何运作管理？ / 12
6. 怎样做税收筹划的前期调查与研究？ / 14
7. 如何设计恰当的税收筹划方案？ / 16
8. 怎样实施与修正税收筹划方案？ / 18
9. 如何对税收筹划方案进行跟踪与绩效评估？ / 20
10. 税收筹划运作的基本原则是什么？ / 22

第三章　税收筹划技术

11. 什么是免税技术？ / 26
12. 什么是减税技术？ / 28
13. 什么是税率差异技术？ / 30

14. 什么是分割技术？／32

15. 什么是扣除技术？／33

16. 什么是抵免税技术？／35

17. 什么是延期（缓）纳税技术？／37

18. 什么是退税技术？／39

19. 价格转让法如何运用？／41

20. 成本（费用）调整法如何运用？／44

21. 如何用好融资（筹资）法？／46

22. 如何用好租赁法？／48

23. 什么是低税区节税法？／49

第四章　企业设立税收筹划之企业注册地筹划

24. 西部大开发税收优惠政策有哪些？／52

25. 如何用好"两免三减半""五免三减半""三免六减半""五免五减半"政策？／53

26. 软件企业如何做好"双软认定"？／55

27. 享受西部大开发优惠政策是否可以同时享受"三免三减半"政策？／57

28. 民族自治地方分享减免优惠政策是否可以和小微企业税收优惠政策叠加享受？／59

29. 企业既符合高新技术企业所得税优惠条件，又符合小型微利企业所得税优惠条件，可否叠加享受？／60

30. 企业既符合大宗仓储物流企业优惠条件，也满足安置残疾人就业人数和比例，如何享受城镇土地使用税的减免优惠？／62

31. 如何在税收洼地注册纳税？／63

第五章　一般纳税人与小规模纳税人的企业设立的税收筹划

32. 企业的类型和区别有哪些？/ 68
33. 纳税人的类型和区别有哪些？/ 69
34. 设立什么性质的公司更节税？/ 71
35. 有限责任公司如何进行税收筹划？/ 74
36. 股份制企业如何进行税收筹划？/ 76
37. 自然人合伙企业如何进行税收筹划？/ 79

第六章　集团公司扩张形式的税收筹划

38. 总分制模式如何进行税收筹划？/ 84
39. 母子制模式如何进行税收筹划？/ 86
40. 家族企业如何进行税收筹划？/ 88

第七章　企业融资的税收筹划

41. 如何利用银行贷款进行税收筹划？/ 92
42. 如何利用发行债券进行税收筹划？/ 94
43. 如何利用购买债券进行税收筹划？/ 96
44. 如何利用租赁经营进行税收筹划？/ 97
45. 如何利用关联企业资金拆借进行税收筹划？/ 99
46. 如何利用发行股票进行税收筹划？/ 102
47. 如何以货币形式投资进行税收筹划？/ 104
48. 如何以固定资产投资进行税收筹划？/ 105

第八章　企业投资的税收筹划

49. 投资技术密集型企业如何进行税收筹划？／108
50. 投资生产制造企业如何进行税收筹划？／112
51. 投资商贸型企业如何进行税收筹划？／113
52. 如何实施投资方向的税收筹划？／115
53. 如何实施对内投资的税收筹划？／118
54. 如何实施对外投资的税收筹划？／119
55. 如何利用注册地进行税收筹划？／120
56. 如何实施企业组织形式的税收筹划？／123
57. 如何实施涉及税收管辖权的税收筹划？／125
58. 如何利用各国税收优惠政策进行税收筹划？／126
59. 各国税务合作对税收筹划有哪些影响？／128
60. 如何实施股权投资的税收筹划？／129

第九章　企业采购的税收筹划

61. 如何实施不可抵扣项目的税收筹划？／134
62. 如何实施可抵扣项目的税收筹划？／135
63. 如何实施有关生产经营环节的税收筹划？／136
64. 如何实施合同签订中的税收筹划？／138
65. 如何实施非正常损失的税收筹划？／139

第十章　企业销售的税收筹划

66. 如何实施有关销售佣金的税收筹划？／142
67. 什么是针对折扣销售的税收筹划？／145
68. 什么是针对代销的税收筹划？／146

69. 什么是针对销售折扣的税收筹划？/ 147

70. 什么是针对销售折让的税收筹划？/ 149

71. 怎样利用买一赠一进行税收筹划？/ 151

72. 委托代销时如何进行税收筹划？/ 153

73. 混合销售如何进行税收筹划？/ 155

74. 兼营销售如何进行税收筹划？/ 157

第十一章 企业所得税的税收筹划

75. 纳税后可支配收入的税收筹划怎么做？/ 160

76. 什么是收入筹划？/ 162

77. 什么是成本筹划？/ 164

78. 怎样做货物购销的筹划？/ 166

79. 怎样针对款项往来做筹划？/ 168

80. 在劳务用工方面如何筹划？/ 171

81. 怎样针对费用做筹划？/ 173

82. 针对个人所得税如何做筹划？/ 175

83. 如何通过税收筹划实现薪酬福利化？/ 177

84. 如何通过税收筹划实现薪酬均衡化？/ 179

85. 如何通过税收筹划实现项目互转化？/ 181

86. 如何通过税收筹划实现福利期权化？/ 183

第十二章 企业产权重组的税收筹划

87. 企业重组方式有哪些？/ 186

88. 股权重组下如何进行税收筹划？/ 187

89. 债务重组下如何进行税收筹划？/ 189

90. 企业重组分为哪些类型？/ 191

91. 企业合并时怎样完善税收筹划？/ 193

92. 企业分立时怎样完善税收筹划？/ 195

93. 企业清算时如何完善税收筹划？/ 197

第十三章 建安、市政工程、园林等企业的合规的节税工具

94. 网络货运如何使用节税工具？/ 202

95. 灵活用工如何合规节税？/ 203

96. 私车公用如何节税？/ 205

97. 核定征收情况下如何节税？/ 206

98. 自然人代开时如何节税？/ 208

99. 砂石平台有什么合规的节税方法？/ 209

100. 还有什么其他税收优惠政策？/ 211

第一章

税收筹划基本理论

1. 什么是税收筹划？

企业可以在法律规定许可的范围内，通过对经营、投资、理财活动的事先筹划和安排，尽可能取得节税的经济利益，这种在法律许可范围内尽可能取得节税经济利益的行为就是税收筹划。

税收筹划必须符合国家法律和税收法规，这是基础和前提，一旦违反了相关法律，就会被定性为违法行为，反而会给企业带来税务和法律风险。这也就决定了税收筹划的方向一定是以符合税收政策法规为导向的。

特别值得注意的是，税收筹划必须"前置"，只有发生在生产经营和投资理财活动之前的税收筹划才有实际意义，才能规避税务风险。一旦企业的生产经营活动已经完成，应缴税金已经产生，这时再开展税收筹划，不仅难以实现纳税人税收利益的最大化，反而会带来违法风险。

对于企业来说，在进行税收筹划时，并不是税负最轻最好。从广义上来说，企业的"税收利益最大化"，其内涵是比较丰富的，也是多维度的，除了税负最轻之外，还要充分考虑到税后利润最大化、企业价值最大化等，只有综合各方面因素、立体多方位地考量之后，才能找到最佳的税收筹划方案。

一般来说，企业进行税收筹划的思路主要有以下两种。

（1）税收优惠政策

为了鼓励经济发展，国家、地区针对不同类型、不同行业的企业都有一定的税收优惠政策。针对一些创客园区、孵化器、高新开发区、产业园等，政府往往还会有一些单独的企业入驻方面的普惠性政策。企业开展税收筹划，可以充分运用国家、地区的税收优惠政策。比如，对于不能直接享受的税收优惠，可以通过在某地区设立企业，或设立能享受税收优惠的企业分公司等方式，直接或创造条件间接享受税收优惠政策，从而降低企业的税负。

这就要求企业对国家和各地区的企业税收政策具有一定的敏感性，只有这样才能快速制定对策，充分享受到税收优惠的好处。对于不了解税收政策的中小企业来说，可以通过寻求外援的方式来解决问题，目前市面上有很多专门为企业做税收筹划的机构或公司，聘请专业人士来处理企业重要税种的筹划也是一种快速、有效的方法。

（2）就业安置的优惠政策

招聘录用应届毕业生、残疾人、失业人员等，企业可以享受与之相对应的企业所得税加计扣除的税收优惠。通过对企业内部岗位的统筹、梳理，在不影响企业正常经营及内部运转的情况下，把那些适合安置国家鼓励就业人员的岗位预留出来，专门用于招聘应届毕业生、残疾人、失业人员等群体，如此一来，自然就可以在合法的情况下有效降低企业的税负。

税收筹划可以在一定程度上降低企业的税负，但需要注意的是，税收筹划不是万能的，也无法实现想少交多少税就少交多少税的理想目标。在运用税收筹划手段来降低企业税负时，一定要坚持守法底线，切不可铤而走险，以免增加企业涉税风险，给企业带来不必要的麻烦。

2. 税收筹划的法理基础是什么？

众所周知，税收是国家对经济进行宏观调控的一个重要手段。在市场经济体制下，政府对经济的宏观调控意图往往会通过制定并实施一定的税收政策来实现，不管是在税法的立法意图中，还是在税收的政策导向上，我们都可以感受到国家鼓励什么、限制什么。

税收筹划的法理基础，最重要的就是税收筹划实际上既顺应了国家税收的立法意图，也体现了税收政策的导向。税收筹划在本质上是纳税企业根据税收法律法规以及国家的税法立法意图，借助经营、投资、交易和财务活动等事先做出安排和筹划，从而在多种纳税方案中找到最优方案，最终达到税收负担最小化的目的。纳税企业为了追求税收利润的最大化，适当进行税收筹划，与国家的税法立法意图和税收政策导向是相互契合的，并且能充分体现出政策导向和政府对市场调节的方向和力度。

比如，国家对环保类产业给予一定的税收优惠政策，对高污染、高耗能产业征收较高税率予以限制。企业在进行税收筹划时，为了减轻税负，就会更倾向于进入环保类产业、采购环保类生产器具、提升企业本身的环保水平、淘汰高污染和高耗能的生产线等，这样的行为实际上是国家乐见其成的，也是通过税收对经济进行调整的目的。

从这一角度来说，在法律法规允许范围内的税收筹划，不仅对纳税企业是十分有利的，对于国家的整体经济发展和市场经济的宏观调控也是有益的。这也是长久以来企业热衷于进行税收筹划的重要法律基础。

企业进行税收筹划，对于国家税收法律法规的修订完善也有积极意义。国家可以通过企业的税收筹划过程，评估税法的实施效果，并基于此找到税法的改进方向和征收环节等。可以说，企业的税收筹划是税法不断调整、完善的重要现实依据。

此外，税收筹划是依法治税的重要内容。从本质上说，税收筹划是纳税企业的一种理性经济行为，合理的税收筹划可以帮助纳税企业更好地履行纳税义务，有了合法的节税途径，可以增强赋税能力，如此一来冒着被法律制裁的风险去偷税、漏税、抗税、欠税的行为就会减少，这也有利于国家有效降低税收的征收成本，减少税收违法犯罪行为的发生。

目前，税收筹划是企业纳税业务中经济价值最大、层次最高、操作最复杂，同时风险也最大的一项业务，在一些国际知名会计公司中，有相当大比重的收入是通过为纳税企业进行税收筹划取得的。

3. 税收筹划与偷税、欠税、漏税、抗税、骗税、避税的区别是什么？

随着我国市场经济的发展以及社会法制化程度的提高，越来越多的纳税人寻求合法渠道节税以追求自身利益的最大化。从税收理论上讲，纳税人可以通过税收筹划取得税后利益的最大化；但从税收实务上看，有些纳税人因筹划不当造成避税，还有些纳税人因筹划失误掉入偷税"陷阱"。这就要求税务人员有效识别税收筹划与避税、偷税行为的区别，以保护纳税人的税收筹划权益，同时严厉打击偷税行为，严肃处理避税行为。

（1）税收筹划与偷税的区别

税收筹划与偷税是两个完全不同的概念。《中华人民共和国税收征收管理法》第六十三条明确规定，纳税人伪造、变造、隐匿、擅自销毁账簿、记账凭证，或者在账簿上多列支出或者不列、少列收入，或者经税务机关通知申报而拒不申报或者进行虚假的纳税申报，不缴或者少缴应纳税款的，是偷税。与税收筹划不同，纳税人偷税所采取的手段是违法的，是以牺牲国家税收利益为代价来增加集体或者个人利益的，因此具有非法性和不合理性。税务机关可以按照《中华人民共和国税收征收管理法》和《中华人民共和国刑法》的有关规定等对偷税者进行处理，追缴偷税款、加收滞纳金、处以罚款甚至追究刑事责任。

因此，不论是站在纳税人的立场上，还是站在立法者的立场上，准确地判断"税收筹划"与"偷税"都是很有必要的。企业进行税收筹划的结果与偷税一样，在客观上会减少国家的税收收入，但不属于违法行为。二者的区别主要有以下几点。

第一，偷税是指企业在纳税义务已经发生的情况下通过种种不正当手段少缴或漏缴税款；而税收筹划是指企业在纳税义务发生前，通过事先的设计和安排而优化安排部分纳税义务。

第二，偷税直接违反税法；而税收筹划是在税法允许的前提下选择利用税法的有关规定，并不违反税法。

第三，偷税行为往往要借助于犯罪手段，如做假账、伪造凭证等；而税收筹划是一种合法的行为。

（2）税收筹划与漏税、欠税、逃税、抗税、骗税的区别

税收筹划与漏税、欠税、逃税、抗税、骗税也是完全不同的概念。

漏税是指无意发生的少缴税款行为，是由于纳税人不熟悉税法规定和财务制度，或者由于工作粗心大意等造成的漏缴或少缴税款的违章行为，如错用税率、漏报应税项目、少计应税数量、错算销售金额和经营利润等。

欠税是指纳税人、扣缴义务人超过征收法律、法规规定或税务机关依照税收法律、法规规定的纳税期限，未缴或少缴税款的行为。

《中华人民共和国刑法》第二百零一条规定，逃税是指纳税人采取欺

骗、隐瞒手段进行虚假纳税申报或者不申报的行为。

抗税是以暴力、威胁手段拒不缴纳税款。对于抗税行为，除由税务机关追缴其拒缴的税款、滞纳金外，还要依法追究其刑事责任。

骗税是以欺骗手段非法占有税款的违法犯罪行为，表面形式合法。纳税人用假报出口等虚构事实或隐瞒真相的方法，经过公开的、合法的程序，骗得税务机关信任，利用国家的税收优惠政策，骗取减免税或者出口退税，并在表面上具有合法性。

而税收筹划是纳税人在税法规定的范围内，合法地减轻甚至免除自身承担的或额外承担的税收负担，具有合法性和合理性。

（3）税收筹划与避税的区别

一般认为，税收筹划是纳税人在税法规定的范围内，通过对自身经营、投资、理财等活动的事先安排和筹划，合法地减轻甚至免除自身承担的或额外承担的税收负担，从而取得税后利益的最大化。由于税收筹划以遵守税法为前提，又多以选择最优方案的方式来实现税后利益最大化，因此具有合法性和合理性。而避税则是纳税人利用不同国家或地区、不同所有制、不同税种的税收制度差异甚至税制要素的差异等，通过对自身经营、投资、理财等活动的精心安排，以期达到纳税义务最小化的经济行为。由于避税往往以钻税制漏洞、牺牲国家税收利益为代价来达到自身利益（主要是集团利益）的最大化，因此具有不合理性。对于避税行为，税务机关可以依照《中华人民共和国税收征收管理法》及相关税种的征管规定进行处理。

4. 什么是有效的税收筹划?

税收筹划的目的是帮助企业实现合法节税。有效的税收筹划可以通过对涉税业务进行策划,制订一套完整的纳税操作方案,最终让企业减少涉税风险、降低税务负担。无效的税收筹划不仅难以取得预期的效果,而且很有可能给纳税企业带来不必要的支出和法律上的风险。

那么,什么是有效的税收筹划呢?

(1)有效的税收筹划一定是合法的

根据税收法定的原则,国家向纳税企业征收税金,都必须以明确的法律法规作为依据。通常来说,税法会对某项业务作出不同的税收处理,对纳税企业的某些应税因素会给予一定范围或幅度的选择性规范,比如对折旧方式的选择、对存货计价的选择等。纳税企业是有一定的自主权的,只要不违背明确的法律规定,并顺应了国家的税法立法意图,那么纳税企业在法定范围内事先做出选择是合法的。

有效的税收筹划一定是合法的,凡是明确违背税法和国家立法意图的做法,都会存在涉税法律风险。在互联网大数据广泛应用于税务系统的今天,一切违法行为都是透明的,一切抱有侥幸心理的"非法税收筹划"必然会东窗事发。

（2）有效的税收筹划一定可以节税

税收筹划，最主要的目的就是节税，倘若最终没有实现节税的目的，甚至导致了税金的增加，则说明税收筹划是无效的。

通常来说，企业在进行税收筹划前，会根据其实际经营情况、预期的未来纳税情况等设计出不同的节税方案，并多方面测算、对比，从中选出最优的税收筹划方案。

由于税收筹划都是提前进行的，其中所预估的企业未来经营情况、纳税情况等都存在不确定性，因此很可能会出现税收筹划方案并没有发挥出预想的作用的情况。这就对税收筹划人员的专业水平提出了更高的要求。对于企业来说，制订出有效的能合法节税的税收筹划方案，并不是一件轻而易举的事，必要时可以选择与专业的机构合作。

（3）有效的税收筹划一定是事先规划的

税收筹划，顾名思义，就是要事先规划、设计安排。对于纳税企业来说，只有在交易发生后才交纳增值税、在收益实现或分配后才交纳所得税，事后再寻求少缴税是不可取的，也存在多方面的法律风险，只有我们事先规划，才可以做到合理合法地节税。

比如，2020年新型冠状病毒肺炎疫情让不少企业陷入了困境，整个社会的失业率也有所增加，在这种情况下，"共享用工"成为一种新的用工方式。实际上，"共享用工"就属于通过转变业务关系来降低企业税负的一种方法，从原来的劳务雇佣关系到短期临时劳务合作，企业在外包工作任务的过程中，还可以获取一定数额的发票来计入财务企业支出，从而减少增值税的税金。此外，企业还可以通过将股东分红、员工劳动收益等转化为个人独资企业服务费收益，来实现企业综合税率的大幅度降低。这些都属于事先规划的有效税收筹划。

第二章

税收筹划的运作框架

5. 税收筹划如何运作管理？

企业税务风险具有三大特征：一是主观性，企业纳税和税务机关征税的依据是一样的，都是相关的税法，但在实际生活中，企业与税务机关对税法条款的理解往往并不是完全一致的；二是必然性，企业以少缴税为目标，税务机关则以强制依法征税为目标，也就是说，企业与税务机关天然就是站在对立面的，这种立场上的差异必然会导致企业产生税务风险；三是预先性，就是企业税务风险是先于纳税责任履行行为而存在的，只要企业在缴纳税款之前能够主观上实施涉税相关业务与核算的调整，就可以有效降低企业的税务风险。企业税务风险的预先性决定了企业进行税收筹划的合理性和有效性。

那么，税收筹划应该如何运作管理呢？

税收筹划一定是在企业纳税行为发生之前开始进行的，且不违反法律、法规规定，这是其重要基础和前提；税收筹划的手段主要是通过对企业的投资行为或经营活动等涉税事项做出有预见性的安排或筹划，最终达到节税的目的。可以说，税收筹划与企业战略的目标是一致的，都是为了实现企业价值最大化，对税收政策的合法运用会贯彻整个企业的投资决策、融资决策、经营决策、分配决策甚至破产清算等各个环节，因此税收筹划的管理是非常重要的。税收筹划从表面上看似乎是一个单纯的财税问题，但实际上它也是一种指导性、科学性、预见性很强的管理活动。

税收筹划的运作并非没有规律可循，而是可以遵循一定的基本框架的。税收筹划人员可以把一环紧扣一环的具体工作纳入一定的次序中来（见下图），借助工作表等工具进行合理安排，如此一来，不仅可以提高税收筹划的效率，还可以节约税收筹划的非税成本。

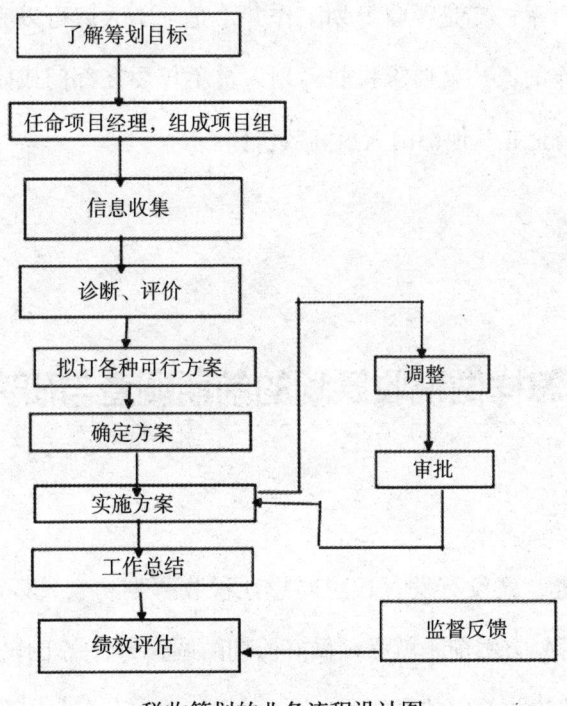

税收筹划的业务流程设计图

一般来说，税收筹划主要依托企业内部的组织结构来完成。比如，在企业内部设立专门的税收筹划部门或者交给财务部门来承担这一工作，这种方式属于自行税收筹划，多见于大企业。对于一些不具备自行税收筹划实力的中小企业来说，可以通过委托第三方进行税收筹划。目前市面上有不少专业的企业涉税服务机构或个人，企业可以根据实际需求来选择合适的委托方。

不管采用哪种形式来进行税收筹划，都要特别注意两点：一是税收筹划对设计操作人员的知识结构要求较高，不仅要具备很强的专业性，而且有全面性要求，设计操作人员的水平直接决定着税收筹划方案是否合法有效，因此，在确定税收筹划的人选时要认真、谨慎，做好事先考察，万不可草率；二是税收筹划工作并不是一个人就可以完成的，而是需要团队协作的，这就要求税收筹划人员不仅要在部门或团队内部互相协作，还要与企业其他部门人员高效协作。

6. 怎样做税收筹划的前期调查与研究？

没有调查，就没有发言权。要想让税收筹划切实发挥出节税作用，在制订税收筹划方案前，就必须做好前期的调查与研究工作。

（1）弄清税收筹划的目标

从我国现行的企业税收筹划状况来看，企业税收筹划的目标具体可以划分为两个层次：一是涉税零风险，顾名思义就是指企业在税收方面没有任何风险或风险极小以至可以忽略不计,这是企业最低层次的税收筹划目标;二是税后收益最大化,是指企业可以提前筹划调整其经济活动,以合理利用国家的各种税收优惠政策,从而获取最大的税后收益。

企业存在涉税风险,对于自身的运营与发展是潜在的隐患,依法纳税是每一个经营主体必须履行的义务,偷税、漏税、抗税、欠税都属于违法行为,必然会遭受法律的惩处。企业进行税收筹划,最关键的也是最重要的目的就是要实现涉税零风险。税后收益最大化,实际上也是建立在涉税零风险基础之上的,只有建立在涉税零风险基础之上的税后收益最大化才是有意义的,否则只会增加企业的违法风险。

税收筹划的最低目标是涉税零风险,最高目标是实现税后收益最大化。不同的企业对于税收筹划的具体目标是有差异的,因此,有针对性地弄清楚企业的具体税收筹划目标是非常重要的,这是设计税收筹划方案的基础和前提。

(2)确定税收筹划的负责组织与人员分工

税收筹划一定是依靠人来完成和实现的,因此,当厘清税收筹划的目标后,就要确定相应的负责组织与人员分工。

企业是在内部设立税收筹划部门,招兵买马,还是交给内部的财务部门负责?抑或是寻找第三方委托机构来处理此事?具体由谁负责?每个人的职责是什么?这些都是要权衡考虑的问题。

如果由企业内部进行税收筹划,则要确定项目负责人,并协助其搭建团队,明确人员分工,确定工作奖惩规范等;如果委托第三方来处理,则需要做好筛选委托方的工作,并与对方签订委托协议或合同。

(3)做好企业相关信息的收集工作

一个合理的税收筹划方案一定是基于企业实际情况制订的,因此,做好企业相关信息的收集工作是非常重要的。

一般来说,税收筹划主要收集两方面的信息:一是企业的内部信息,如企业组织形式、财务信息、企业发展现状与未来规划、企业对风险的态度等;二是企业的外部信息,如政府的税收政策、税收法律法规等。

此外,税收筹划对所收集的信息具有一定的质量要求,具体来说主要有五点:一是信息要准确;二是信息应及时;三是信息必须完整;四是与企业相关;五是应当适度。

做好前期的信息收集和调查研究工作,对于税收筹划的设计是必不可少的。

7. 如何设计恰当的税收筹划方案?

对于企业来说,税收筹划是中长期战略决策的重要组成部分。设计出恰当有效的税收筹划方案,对于企业的长远发展具有重要意义。

总的来说,税收筹划具有合法性、筹划性、风险性、方式多样性、综合性、专业性等典型特点。因此,在进行税收筹划方案的设计时,必须遵循两项基本原则：一是企业的税收筹划必须在法律框架允许的范围内进行，必须保证税收筹划的合法性；二是在制订税收筹划方案时，要综合考虑所有的商业成本，而不是一叶障目，仅仅看到眼前的税收因素，非税成本也要纳入考虑范畴中。低税金方案很可能会导致更高昂的非税成本，抛开企业的整体商业成本谈节税，很可能会出现税收筹划无效的情况。

（1）税收筹划方案的设计

税收是国家对经济进行宏观调控的重要手段，因此，国家对不同行业、不同类型规模的企业的税收政策是不同的。以增值税为例，增值税是企业缴纳税金中占比比较高的税种，农副食品加工厂的增值税税率为3.50%，医药制造业为8.50%，商业批发为0.90%，卷烟加工为12.50%。根据营业额高低，企业作为纳税主体，又可以分为小规模纳税人和一般纳税人。小规模纳税人的增值税税率更低，除出租、出售不动产征收率5%的税率以外，其他都是3%；一般纳税人的增值税税率较高，分6%、9%、13%三档税率，不同行业和情况的企业适用的税率有所差异，但总的来说都会比小规模纳税人适用的税率要高。

此外，不同地区的政府为了招商引资、搞活经济，还会出台不同的税收优惠政策，符合政策的企业都可以享受到税收优惠政策。通常来说，高新技术企业、环保类企业、外贸型企业等比较容易享受到税收优惠政策。

税收制度上的差异，以及税收优惠政策的多样性，加之企业在合法的前提下有自主经营权，会计的记账方法也具有多样性特征，这就使得在企业的实际涉税事务中，会衍生出多样化的、不同的税收筹划方案。

企业可以根据自己的经营品类、所在地区、经营规模、投资负债、资产与折旧等实际情况，对税收筹划方案进行多样化的设计。

（2）税收筹划方案的选择

不同的税收筹划方案，对于企业来说，优缺点也各不相同。我们可以采用对比法，从设计出来的多样化税收筹划方案中进行选择。将各个税收筹划方案的优缺点分别列出来，对比哪个方案的优点最突出、哪个方案的缺点最难以接受，从而帮助我们快速、精准地选出最合适、最恰当的税收筹划方案。

8. 怎样实施与修正税收筹划方案？

企业进行税收筹划，就怕含含糊糊，税收筹划方案确定了却不严格执行，有时候甚至比没有进行税收筹划更糟糕。企业的本质就是执行，执行力影响企业战略的成败。三流的点子加一流的执行力，永远比一流的点子加三流的执行力更好。

当企业根据自身的特点和需求，在税收筹划备选方案中选定了最终方案后，就要做好税收筹划方案的实施与修正。

（1）专人负责实施方案

当税收筹划方案确定后，就要把税收筹划实施工作的每一个项目都规划出具体的时间线，同时把各事项的优先级别、主责单位、辅责单位确定下来，并确定税收筹划方案实施的负责人。

企业要将税收筹划方案的实施工作拆解到每一个相关部门中的每一个相关组织成员，并形成员工年度计划卡。员工年度计划卡除了要明确员工在每个月度或季度的工作任务和计划外，还可以将目前工作内容、工作优缺点检讨、自我发展重点、工作中的困惑、对部门或公司的建议、公司对员工的培训规划等融入其中。这对于税收筹划方案实施过程中的再调研具有积极意义。

（2）实施过程要再调研

在税收筹划方案的实施过程中，往往会出现明明税收筹划方案没问题，全员上下也在执行上下了一番苦功，然而结果并不理想的情况。要想避免出现这种情况，就要充分做好税收筹划方案实施过程中的再调研。

六个盒子，也叫韦斯伯德的六盒模型，是一种实用且简单的组织诊断工具。六个盒子，顾名思义，就是可以从"使命／目标、结构／组织、关系／流程、奖励／激励、支持／工具、管理／领导"六个维度对组织进行诊断。我们可以借助这一工具对税收筹划方案的实施过程进行诊断，从中找到可以改善的关键点。

（3）做好实施方案的改进和优化

实践是检验真理的唯一标准。税收筹划方案是不是合理，在企业的实施过程中是否顺畅，只有真正去实施执行后，才能知道实际情况。理论—实践—理论—实践……只有经过反复检验，才能最终达到理想状态。针对实施过程中发现的税收筹划方案不合理或执行不到位或还可以再优化改进的关键点，我们要按照具体问题具体分析的思路，做好实施方案的改进和优化。

此外，对于税收筹划方案执行不到位的员工，不能听之任之，也不宜抱着"不是解决问题，而是解决产生问题的人"的思路进行处置。在实际的企业管理过程中，更换员工往往不仅不能快速解决原来存在的问题，还会引发一系列新的问题。明智的做法是帮助员工找差距，并帮助他们更好地完成自己的任务。

9. 如何对税收筹划方案进行跟踪与绩效评估？

前事不忘，后事之师。企业在对税收筹划方案实施执行后，负责税收筹划的人员要做好两方面的工作：一是要做好跟踪，跟踪税收筹划方案的执行情况以及实施执行效果；二是要做好税收筹划方案实施人员的绩效评估。

企业可以通过对税收筹划方案进行跟踪与绩效评估来总结得失，从而为税收筹划方案的改善优化提供实践参考，为今后的税收筹划工作积累宝贵的经验和教训。

那么，具体来说，税收筹划方案的跟踪与绩效评估要怎么做呢？

（1）税收筹划方案的跟踪

我们可以借助五步法来实现税收筹划方案实施过程的跟踪和控制。

一是定目标。将税收筹划方案的实施落实到每个部门、每个人的工作目标上。简单来说，定目标就是把企业的税收筹划转化为管理指标，并设置合理的目标值，再将目标值按照从上到下的组织层级进行一步步分解，最终形成每个部门、每个人的工作目标。

二是签承诺。在明确了目标和具体任务后，由实施执行人与企业就具体任务及其对应的奖惩措施等签订责任书。需要注意的是，签完承诺不等于税收筹划方案执行到位，也不意味着实施过程跟踪和控制的终结，这只是一种加强执行的方法，而不是要达成的结果。

三是追过程。没有过程，就不会有结果；有什么样的过程，就会有什么样的结果。我们可以通过定期召开质询会议的方式来强化对过程的管理。企业可以根据实际情况，拟定自身的质询会议时间和周期。一般来说，质询会议要包括目标值、完成值、达成差异、自我原因检讨、改善措施等要素。

四是找差距。可以通过绩效过程管控和与员工进行沟通辅导的方式，来帮助员工意识到自己的实际工作与任务目标之间的差距、不足、弱势，了解他们工作中的困难点，并按照具体问题具体分析的思路，协助其拟定具体的改进方向和办法。

五是拿结果。可以通过月度、季度、年度工作总结的方式来查看税收筹划实施执行的结果，企业可根据实际情况将其与例行的业务会议合并组织召开。

（2）税收筹划方案的绩效评估

税收筹划方案的绩效评估主要应该考查四个方面：一是目的与手段，

即企业经营活动的结果或目标，如是否达到了税后最大利益，可根据实际实现程度予以评价；二是时间范围，比如税收筹划实施后半年时间内或一年内；三是硬指标与软指标，比如，实现节税××元、涉税成本降低×××%等属于硬指标，协作关系好坏、税收筹划方案执行积极性的高低等则属于软指标；四是价值判断，即在对影响税收筹划方案绩效评估的变量进行价值评估时，要与其变化规律、特性等相适应。

税收筹划方案的绩效评估最终一定会得到一个结果，评估报告就是绩效评估结果的具体化呈现。企业要善于运用绩效评估报告来更好地为税收筹划服务。

10. 税收筹划运作的基本原则是什么？

税收筹划具有风险性、专业性的典型特点，对人员的专业能力、知识面广度等都有较高的要求。尽管这类人才算不上极度稀缺，但业务水平良莠不齐。因此，企业除了要把专业的事交给专业的人干之外，还要清楚税收筹划运作的基本原则，只有这样才能更好地保障税收筹划健康、良好、顺畅、有效地运作，真正给企业带来看得见、摸得着的节税好处。

一般来说，企业的税收筹划运作要遵循以下五大基本原则。

(1) 合法原则

税收筹划的目的是帮助企业实现合法节税，其方法主要是通过对涉税业务进行策划，制订一套完整的纳税操作方案，最终让企业减少涉税风险、降低税务负担。需要注意的是，税收筹划与偷税、漏税具有本质上的区别，偷税、漏税属于违法行为，一经发现，企业法人要承担相应的法律责任；税收筹划则具有合法性特征，只要我们合理筹划、综合考虑，就能够通过合法的操作来达到节税的目的。

(2) 整体利益原则

涉税企业是一个整体，在进行税收筹划运作的过程中，切忌把涉税事务割裂开来单独看待，只有符合企业整体利益的税收筹划运作才是有价值、有意义的。企业的税收筹划一定要遵循整体利益原则。

(3) 成本效益原则

在市场经济条件下，企业的目的是追求经济效益最大化。开展税收筹划要遵循成本效益原则，充分考虑税收筹划的"投入"和"产出"，保证税收筹划工作的产出低于投入，只有这样才符合企业的发展目标。

(4) 立足长久原则

企业的税收筹划并不是一项短期工作，只要正常开展经营活动，就需要正常按照法律法规履行纳税义务。这也就决定了企业的税收筹划是一项长期的工作，基于此，税收筹划方案的设计和运作都应当遵循立足长久的原则，追求短期利益不可取。

(5) 适时调整原则

国家的税法、税收优惠政策等都是处于一个动态变化过程之中的，因此，企业税收筹划方案的设计与运作也难以做到"固定不变"。企业在开展税收筹划工作的过程中，要注意时时关注国家最新的税法政策、税收优惠政策等，并适时对自身的税收筹划方案进行调整。

市场上有很多为企业提供专门涉税服务的第三方公司或专家团队，企业可以通过聘请第三方机构或团队来开展税收筹划工作。这样做，一是可以发现企业内部税收筹划工作中的问题、漏洞；二是能够对企业内部的税收筹划工作人员形成一种违规必被发现的"威慑"，使其不敢轻易违规操作；三是可以从更专业的角度给企业的税收筹划工作提出更好的调整或改进建议。

第三章

税收筹划技术

11. 什么是免税技术？

免税技术，顾名思义，是指在合法、合理的情况下，使涉税企业成为免税企业，或使涉税企业从事免税活动，或使征税对象成为免征对象而免纳税收的税收筹划技术。

税法规定的税收优惠方式包括免税、减税、加计扣除、加速折旧、减计收入、税额抵免等，其中免税是优惠力度最大的，对企业来说也是最有吸引力的。

（1）成为免税企业

新办高新企业自取得第一笔生产经营收入所属纳税年度起，免征所得税两年。

对农村的为农业生产的产前、产中、产后服务的行业，即乡村的农技推广站、植保站、水管站、林业站、畜牧兽医站、水产站、生机站、气象站，以及农民专业技术协会、专业合作社，对其提供的技术服务或劳务所取得的收入，以及城镇其他各类事业单位开展的技术服务或劳务所取得的收入暂免征收所得税。

对科研单位和大专院校服务于各业的技术成果转让、技术培训、技术咨询、技术服务、技术承包所取得的技术性服务收入暂免征收所得税。

对新办的独立核算的从事咨询业（包括科技、法律、会计、审计、税务等咨询业）、信息业、技术服务业的企业或经营单位，自开业之日起，免征所得税两年。

对新办的独立核算的从事交通运输业、邮电通信业的企业或经营单位，自开业之日起，第一年免征所得税。

企业在原设计规定的产品以外，综合利用该企业生产过程中产生的、在《资源综合利用目录》内的资源作为主要原料生产的产品的所得，以及企业利用该企业外的大宗煤矸石、炉渣、粉煤灰作为主要原料生产建材产品的所得，自生产经营之日起，免征所得税五年。

企业事业单位进行技术转让，以及在技术转让过程中发生的与技术转让有关的技术咨询、技术服务、技术培训的所得，年净收入在30万元以下的，暂免征收所得税。

新办的城镇劳动就业服务企业，当年安置城镇待业人员超过企业从业人员总数的60%的，经主管税务机关审查批准，可免征所得税三年。

高等学校和中小学校办工厂、农场自身从事生产经营的所得，暂免征收所得税。高等学校和中小学举办各类进修班、培训班的所得，暂免征收所得税。高等学校和中小学享受税收优惠的校办企业，必须是学校出资自办的，由学校负责经营管理、经营收入归学校所有的企业。

对民政部门举办的福利工厂和街道的非中途转办的社会福利生产单位，凡安置"四残"人员占生产人员总数35%以上的，暂免征收所得税。

（2）从事免税活动

企业所得税免税项目有蔬菜、谷物、薯类、油料、豆类、棉花、麻类、糖料、水果、坚果的种植；农作物新品种的选育；中药材的种植；林木的培育和种植；牲畜、家禽的饲养；林产品的采集；灌溉、农产品初加工、兽医、农技推广、农机作业和维修等农、林、牧、渔服务业项目；远洋捕捞。

在《中华人民共和国增值税暂行条例》中规定了七类项目免征增值税，分别是：农业生产者销售的自产农产品；避孕药品和用具；古旧图书；直接用于科学研究、科学试验和教学的进口仪器、设备；外国政府、国际组织无偿援助的进口物资和设备；由残疾人的组织直接进口供残疾人专用的物品；销售的自己使用过的物品。

企业可以通过从事免税活动来享受免征政策，从而达到合理节税的目的。

12. 什么是减税技术？

减税技术是指在法律允许的范围内，使纳税人减少应纳税务而直接节税的技术。要想使用好减税技术，就一定要对国家的各种税收减免政策做到如数家珍，只有这样，才能给企业争取到更多的减税项目，从而更好地达到节税的目的。

（1）"六税两费"减免政策

根据财税 10 号公告的规定，自 2022 年 1 月 1 日至 2024 年 12 月 31 日，由省、自治区、直辖市人民政府根据本地区实际情况，以及宏观调控的需要，对增值税小规模纳税人、小型微利企业和个体工商户可以在 50% 的税额幅度内减征资源税、城市维护建设税、房产税、城镇土地使用税、印花税（不含证券交易印花税）、耕地占用税和教育费附加、地方教育附加。税务总局 3 号公告对有关征收管理事项做出了细化规定，包括小型微利企业减免政策的适用、增值税小规模纳税人向一般纳税人转换时减免政策的适用、优惠政策的办理以及申报表的修订等内容。

（2）企业所得税减免政策

经国务院批准的高新技术产业开发区内的高新技术企业，减按 15% 的税率征收所得税。

对新办的独立核算的从事公用事业、商业、物资业、对外贸易业、旅游业、仓储业、居民服务业、饮食业、教育文化事业、卫生事业的企业或经营单位，自开业之日起，报经主管税务机关批准，可减征或免征所得税两年。

在国家确定的"老、少、边、穷"地区新办的企业，经主管税务机关批准后可减征或免征所得税三年。

企业遇有风、火、水、震等严重自然灾害，经主管税务机关批准，可减征或免征所得税一年。

劳动就业服务企业免税期满后，当年新安置待业人员占企业原从业人员总数 30% 以上的，经主管税务机关审核批准，可减半征收所得税两年。

凡安置"四残"人员占生产人员总数的比例超过10%未达到35%的，减半征收所得税。

乡镇企业可按应缴税款减征10%，用于补助社会性开支的费用。

此外，小规模纳税人可以少交税款。一般纳税人的增值税税率比小规模纳税人的增值税税率要高，企业可以借助小规模纳税人的低税率来降低企业税负。在企业即将达到一般纳税人条件之前，可以采用拆分项目、成立新公司的方法来对销售额、营业额进行分流，如此一来就可以一直享受小规模纳税人的税收优惠政策，从而达到减税的目的。

总的来说，在使用减税技术时应把握两点：一是尽量使减税期最长化，因为减税时间越长，节减的税务越多，企业的税后利润也就越多；二是尽量使减税项目最多化，减税项目越多，企业的收益越大。

13. 什么是税率差异技术？

国家制定的税法为了更好地引导宏观经济的发展，会通过不同的税率来明确鼓励什么、限制什么。不同地区、不同行业、不同经营项目的税率都会存在差异，这就给企业通过税率差异来合法节税创造了条件。

税率差异技术，顾名思义，就是在合理、合法的前提下，企业利用税率的差异而直接节减税务成本的税收筹划技术。企业可以利用不同地区、不同行业之间的税率差异节减税负，实现企业利润的最大化。

从世界范围来看，不同国家的税率差异是普遍存在的，比如，只有6.4万人口的开曼群岛，注册公司超过10万家。之所以会出现这种注册公司多于人口的情形，就是因为开曼群岛没有直接税收，不管是企业所得税、房产税还是个人所得税，通通没有，因此吸引了很多投资者前来注册公司。

除了开曼群岛外，美国、瑞士、中国香港、新加坡、卢森堡、荷兰等国家或地区的税率都属于在全球范围内较低的。不少跨国企业会在全球范围内布局子公司、分公司，从而借助税率差异技术来达到节税的目的。

对于中小企业来说，借助跨国的税率差异来实现节税是比较困难的。但在一个国家里的税率也是存在差异的，比如，国家为了鼓励某种经济、某种类型的企业、某类地区的发展等，会出台相应的税率优惠政策，中小企业完全可以借助这一税率差异来达到节税的目的。

以城镇土地使用税为例，城镇土地使用税和企业的经营收入并不挂钩，是按照规定的定额税率缴纳的。城市与县城、县城与建制镇以及工矿区，不同区域的税额大小是有区别的。一般来说，经济越发达地区的城镇土地使用税越高，经济欠发达地区会低一些；在同一个省份内的不同城市，城镇土地使用税也会有所不同；此外，在同一地区的县城和工矿区，城镇土地使用税也是不同的。企业可以根据实际经营活动，尽可能选择更节税的区域。以广州市区为例，土地就划分了10级，最低一级比最高一级的城镇土地使用税相差6.5元/㎡。在不影响正常经营的情况下，选择非征税区域或低税区域，可以有效降低企业的城镇土地使用税。

为了鼓励经济繁荣发展，激发企业的创新活力，政府和税务部门频频出台企业所得税优惠政策。当前，企业所得税的税收优惠政策呈现出产业优惠、区域优惠，兼顾社会进步的新税收优惠的局面，且不少税收优惠政策是可以叠加享受的。企业可以通过合理选择投资地区、行业、规模的方式来增加企业享受税收优惠的条件面，从而达到合理节税的目的。

此外，国家对于小型微利企业、高新技术企业都有一定的企业税率优惠政策，企业可以通过提前谋划投资项目的方式来尽可能充分享受这些税收优惠，进而降低企业税负。

总的来说，在使用税率差异技术时要注意两点：一是要尽可能寻找税率最低的地区、产业，尽可能做到适用税率最低化；二是要尽量寻求税率差异的稳定性和长期性，使企业税率差异的时间最长化和稳定化。

14．什么是分割技术？

分割技术，顾名思义是指企业所得和财产在两个或更多纳税人之间进行分割而使节减税款达到最大化的税收筹划技术。

如果企业从事的是生产货物或提供应税劳务，或以其为主兼营货物批发或零售，那么，年应税销售额大于或等于 50 万元的为一般纳税人，小于 50 万元的为小规模纳税人。如果企业从事的是货物批发或零售，则年应税销售额大于或等于 80 万元的为一般纳税人；小于 80 万元的为小规模纳税人。应税服务年销售额超过 500 万元（不含税销售额）为一般纳税人，不超过 500 万元的为小规模纳税人。

是小规模纳税人还是一般纳税人，对于企业在日常经营活动中的涉税情况影响还是非常巨大的，直接关系着企业需要缴纳多少税款的问题。

一家"巨无霸"企业与由无数家子公司、分公司组成的企业集团，即便其销售额、营业额相当，所需缴纳的税款也是不一样的。合理选择企业组织形式，在恰当的时机科学决策设立子公司或分公司，对于降低企业税负具有重要的积极意义。

需要注意的是，子公司具备独立法人资格，需单独纳税；而分公司则不具备独立法人资格，需要汇总到总公司后合并纳税。是选择成立子公司还是分公司，企业一定要提前规划好、筹划好。

总的来说，在使用分割技术时，应重点注意两点：一是分割要合理化，尽可能地让分割出去的部分能够往低税率方面靠拢，分割出去的部分税率越低，节税效果越好；二是要遵循节税最大化原则，合理地分割，可以让分割后的企业达到合法节税最大化的目的。

15. 什么是扣除技术？

扣除技术，简单来说，就是在计算缴纳税款时，准予从计税依据中扣除部分项目，从而减少税务的税收筹划技术。

（1）发票抵扣

小规模纳税人是不能抵扣进项税的，即便企业在支付供应商费用后，对方开具了增值税专用发票，也无法抵扣进项税；一般纳税人执行一般计税方法的，都可以抵扣进项税，因此，企业要积极主动地向供应商等索要增值税专用发票。

（2）研发费用加计扣除

《中华人民共和国企业所得税法》和《中华人民共和国企业所得税法实施条例》明确规定了研究开发费用的加计扣除，企业为开发新技术、新产品、新工艺发生的研究开发费用，可以在计算应纳税所得额时，在实际发生支出数额的基础上，再加成一定比例，作为计算应纳税所得额时的扣除数额进行加计扣除。

允许加计扣除的七项研发费用包括：人员人工费用；直接投入费用；折旧费用；无形资产摊销；新产品设计费、新工艺规程制定费、新药研制临床试验费、勘探开发技术现场试验费用；其他相关费用；财政部和国家税务总局规定的其他费用。

在2018年1月1日至2023年12月31日期间，企业开展研发活动中实际发生的研发费用，未形成无形资产计入当期损益的，在按照规定据实扣除的基础上，按照研究开发费用的75%加计扣除；形成无形资产的，按照无形资产成本的175%摊销。

企业应对研发费用和生产经营费用分别核算，准确、合理归集各项费用支出，对划分不清的，不得实行加计扣除。

（3）企业扶贫捐赠抵扣

自2019年1月1日至2022年12月31日，企业通过公益性社会组织或者县级（含县级）以上人民政府及其组成部门和直属机构，用于目标脱贫地区的扶贫捐赠支出，准予在计算企业所得税应纳税所得额时据实扣除。在政策执行期限内，目标脱贫地区实现脱贫的，可继续适用上述政策。

"目标脱贫地区"包括832个国家扶贫开发工作重点县、集中连片特困地区县（新疆阿克苏地区6县1市享受片区政策）和建档立卡贫困村。

（4）个人所得税专项附加扣除

自2019年1月1日起正式实施的《中华人民共和国个人所得税法》增加了专项附加扣除，包括子女教育、继续教育、大病医疗、住房贷款利息或者住房租金、赡养老人等支出，可在申报纳税时按规定标准予以税前扣除。

适用于扣除技术的情形较多，因此，在使用扣除技术时，一是要在税法允许的条件下，用足扣除政策，使扣除金额最大化；二是一部分扣除项目是可以累加享受的，要尽量使扣除项目最多化；三是要尽可能使各种允许的扣除项目尽早扣除，尽可能地节减更多税负。

16. 什么是抵免税技术？

抵免税技术是指在法律允许的范围内，使税务抵免额增加而相对节税的税收筹划技术。要想通过抵免税技术来达到节税的目的，我们首先要对国家的抵免税政策有一定的了解和认识。

（1）投资抵免

从1999年开始，我国政府开始对技术改造国产设备实施投资抵免政策。

凡在中国境内投资于符合国家产业政策的技术改造项目，其项目所需国产设备投资的40%，可以从企业技术改造项目购置当年比前一年新增的企业所得中抵免。

企业每一年度投资抵免的所得税税额不得超过该企业当年新增的所得税税额。如果当年新增的企业所得税税额不足抵免的，未抵免的投资额可以用在以后年度企业比购置设备前一年新增的企业所得税税额延续抵免，但延续抵免期限最长不得超过五年。

同一技术改造项目分年度购置设备的投资，均以每一年设备投资总额计算应抵免的投资额，以设备购置前一年抵免企业所得税前实现的应纳税额为基数，计算每一纳税年度可抵免的企业所得税税额，在规定期限内抵免。

企业设备购置前一年为亏损的，其投资抵免年限内，每一纳税年度弥补以前年度亏损后实现的应纳税额，可用于抵免应抵免的国产设备投资额。

按规定享受统一减免企业所得税政策的外商投资企业和外国企业，在免税期间可适当延续抵免期限，但最长不得超过七年。

技术改造项目国产设备投资抵免企业所得税，由实施技术改造的企业提出申请，经主管税务机关逐级上报或直接上报省级以上税务机关审核。中央企业及其与地方组成的联营企业、股份制企业，外商投资企业和外国企业，总投资额在5000万元以上的项目，报国家税务总局审批；总投资额在5000万元以下的项目，由省级国税局审批；地方企业及地方企业组成的联营企业、股份制企业，由省级地税局审批。

企业将已享受投资抵免的国产设备在购置之日起五年内出租、转让的，应在出租、转让时补缴设备已抵免的企业所得税税额。

（2）国外税收抵免

我国现行税法规定：纳税人来源于中国境外的所得，已在中国境外缴纳的企业所得税和个人所得税税款，准予其在应纳税额中扣除。但其扣除额不得超过该纳税人境外所得按中国税法规定计算的应纳税额。

纳税人来源于境外所得在境外实际缴纳的企业所得税、个人所得税税款，低于按中国税法规定计算的扣除限额的，可以从应纳税额中据实扣除；超过扣除限额的，不得在本年度应纳税额中扣除，但可以在以后年度税额扣除的余额中补扣，补扣期限最长不得超过五年。

总的来说，在使用抵免税技术时，一是抵免项目要最多化，尽可能把可抵免的项目全部抵免；二是抵免金额要最大化，将参加抵免项目的金额最大化以扩大企业税后利润。

17. 什么是延期（缓）纳税技术？

延期（缓）纳税技术，顾名思义，就是在法律允许的范围内，通过延期或缓期缴纳税款的方式来帮助企业节税的税收筹划技术。在特定情况下，国家允许企业将所应缴纳的税款延期缴纳或分期缴纳，尤其是数额比较大的税金。尽管这种方法不能使企业的应缴纳税金减少，但延后缴纳实质上等于政府在一定时期内给予企业一笔与税金等额的无息贷款，这对于缓解企业现金流困难具有重要的实际意义，也相当于获取了相对税务收益。

《中华人民共和国税收征收管理法》第三十一条规定，纳税人因有特殊困难，不能按期缴纳税款的，经省、自治区、直辖市国家税务总局、地方税务局（包括计划单列市国家税务总局、地方税务局）批准，可以延期缴纳税款，但是最长不得超过三个月。

这里的"特殊困难"根据《中华人民共和国税收征收管理法实施细则》第四十一条规定包括以下情形：因不可抗力，导致纳税人发生较大损失，正常生产经营活动受到较大影响的；当期货币资金在扣除应付职工工资、社会保险费后，不足以缴纳税款的。

纳税人需要延期缴纳税款的，应当在缴纳税款期限届满前提出申请，并报送下列材料：申请延期缴纳税款报告，当期货币资金余额情况及所有银行存款账户的对账单，资产负债表，应付职工工资和社会保险费等税务机关要求提供的支出预算。税务机关自收到申请延期缴纳税款报告之日起20日内作出批准或者不予批准的决定；不予批准的，从缴纳税款期限届满之日起加收滞纳金。

办理纳税延期必须在法律、法规、税务机关规定的申报期之前，以书面形式载明延期缴纳的税种、税额、税款所属时间和申请延期缴纳税款的理由，报送税务机关审查。审查合格的，纳税人应当填写税务机关统一格式的《延期缴纳税款申请审批表》，经基层征收单位对准予延期的税额和期限签注意见后，逐级报批。纳税人在批准延期缴纳税款的期限内，不加收滞纳金；逾期未缴的，税务机关将从批准的期限届满次日起，按日加收未缴税款万分之五的滞纳金，并发出催缴税款通知书，责令其在最长不超过15日的期限内缴纳；逾期仍未缴的，税务机关会将应缴未缴的税款连同滞纳金一并强制执行。

总的来说，在使用该技术时应注意两点：一是延期时间要最长化，尽量争取延期缴纳的时间最长，相对节减更多的税务；二是延期纳税的项目要最多化，争取在税法允许的范围内，获得更大的节税收益。

18. 什么是退税技术？

退税技术，简单来说，就是在法律允许的范围内，使税务机关部分或全部退还纳税人已纳税款而直接节税的税收筹划技术，这是一种特殊的免税和减税方式。

（1）留抵退税

留抵退税，全名是增值税留抵税额退税优惠，就是对现在还不能抵扣、留着将来才能抵扣的"进项"增值税，予以提前全额退还。大规模增值税留抵退税政策自2022年4月1日起实施。

符合条件的小微企业，可以自2022年4月纳税申报期起向主管税务机关申请退还增量留抵税额。

符合条件的微型企业，可以自2022年4月纳税申报期起向主管税务机关申请一次性退还存量留抵税额；符合条件的小型企业，可以自2022年5月纳税申报期起向主管税务机关申请一次性退还存量留抵税额。

符合条件的制造业等行业企业，可以自2022年4月纳税申报期起向主管税务机关申请退还增量留抵税额。

符合条件的制造业等行业中型企业，可以自2022年5月纳税申报期起向主管税务机关申请一次性退还存量留抵税额；符合条件的制造业等行业大型企业，可以自2022年6月纳税申报期起向主管税务机关申请一次性退还存量留抵税额。

符合条件的批发零售业等行业企业，可以自2022年7月纳税申报期起向主管税务机关申请退还增量留抵税额。

符合条件的批发零售业等行业企业，可以自2022年7月纳税申报期起向主管税务机关申请一次性退还存量留抵税额。

（2）出口退税

出口退税，顾名思义，是指在国际贸易中，对我国报关出口的货物退还国内各生产环节和流转环节按税法规定缴纳的增值税和消费税，简单来说就是在出口环节免税，并退还以前征税环节的已缴纳税款。

出口退税是国际通行惯例，这一做法可以使出口货物的税负归零，有利于增强本国产品在国际市场上的竞争力，有效避免产品在国际市场流动造成的国际双重课税。目前，我国的出口退税制度是在参考国际通行做法的基础上，经过多年实践形成的专项税收制度。

我国的出口退税制度具有两大特点：一是不同于税收参与国民收入中剩余产品分配的目的，出口退税是将出口货物已在国内征收的流转税，退还给企业的一种收入退付或者说是减免税收行为；二是出口退税的调节只能具有单一性特征，对于不进入国际市场的企业或产品不具有调节性。

外贸企业出口货物增值税的计算，其依据是购进出口货物增值税专用发票上所注明的进项税额和退税率。具体的计算公式是：应退税额＝外贸收购不含增值税购进金额 × 退税率。对于有产品出口业务的企业来说，了解出口退税的计算办法，可以更好地核算企业的各方面成本，进而为企业方方面面的决策提供依据。

实施退税技术要尽量争取退税项目最多化，即在税法规定的范围内，尽量争取更多的退税待遇。同时，实施退税技术还要尽量使应退税额最大化，因为退还的税额越多，企业的税后利润越大。

19. 价格转让法如何运用？

价格转让法，简单来说，就是有关联的企业之间进行商品交易和劳务供应时均摊利润或转移利润，根据双方意愿，制定高于或低于市场价格的价格，以实现节税的方法。转让价格的对象既可以是诸如机器、原材料、土地、厂房等有形资产，也可以是技术专利、版权、品牌授权使用等无形资产。

具体来说，价格转让法的运用方式主要有以下 7 种。

（1）价格调整策略

关联企业间商品交易采取压低定价的策略，使企业应纳的流转税变为利润而转移；关联企业间商品交易采取抬高定价的策略，转移收入；涉外企业还可以利用国内不熟悉国际行情的弱点通过调整价格来达到节税的目的。

（2）调整利息策略

关联企业之间往往存在投资、参股、贷款等经济关系，企业可以通过增加或减少利息的方式来转移利润，从而达到节税的目的。作为关联企业间的一种投资方式，贷款比参股有更大的灵活性。

（3）劳务报酬调整策略

关联企业间在实际商务活动中经常会有劳务关联，企业可以通过对劳务报酬进行调整来达到节税的目的。比如，在所得税问题上，高税负企业为低税负企业承担费用；在营业税问题上，高税负企业无偿为低税负企业提供服务。

（4）资产转让策略

关联企业间通过有形或无形资产的转让或使用，也可以达到节税的目的。由于无形资产价值的评定缺乏可比性，很难有统一标准，因此，无形资产的转让策略对于企业的节税具有重要作用。

（5）租金调控策略

关联企业间可以通过对固定资产租赁租金的调整，利用国家之间折旧规定的差异方式来达到节税的目的。此外，还可以售后租回，将投产不久的设备先出售再租回使用，买卖双方对同一设备都可享受首年折旧免税，承租方还可享受租金扣除的优惠。

（6）费用承担策略

关联企业可以利用关联间关系费用承担来转让定价。比如企业的广告性赞助支出，就可以通过关联企业来支付，由关联企业承办本应由自身企业主办的各种庆典、展销活动等，最后通过资产置换或债务豁免、长期占用预付货款或预收账款形式来弥补。

（7）连环定价策略

连环定价策略简单来说，就是境内几家关联公司之间经过多次交易，把最后环节因转让定价的节税成果分摊到各中间环节。

运用价格转让法进行税收筹划，一定要做好法律风险防控，务必在法律允许的范围内进行。《中华人民共和国企业所得税法实施条例》第一百二十三条明确规定：企业与其关联方之间的业务往来不符合独立交易原则，或者企业实施其他不具有合理商业目的安排的，税务机关有权在该业务发生的纳税年度起10年内进行纳税调整。

20. 成本（费用）调整法如何运用？

成本（费用）是企业的重要财务支出，贯穿于企业经济活动全过程，直接影响着企业利润和税务成本。成本（费用）调整法，顾名思义，就是企业可以通过对成本（费用）的调整来抵销收益、减少利润，最终达到节税目的的技术和方法。

成本（费用）调整法之所以合法、奏效的前提和基础是：国家统一规定了成本的开支范围。但各个企业的具体情况不同，在遵照开支范围的前提下，企业可以灵活运用不同的计算方法来降低利润，从而达到节税的目的。

（1）材料费用计算

把材料费用计入产品成本的方法有：先进先出法，以购进的材料先发出为假定前提，每次发出材料的实际单价要按库存材料中最先购进的那批材料的实际单价计价；全月一次加权平均法，即在月末计算一次平均单价，即以月初库存材料数量与本月收入材料数量之和，求得材料的平均单价，用该单价乘以发出材料数量，即发出材料的实际成本；移动加权平均法，每收进一次材料就计算一次平均单价，作为日常发料统计的计价依据；后进后出法，与先进先出法恰恰相反，把后购进材料的费用先计入产品成本。

（2）折旧计算法

固定资产的价值是固定的，但在采用累进税率的情况下，固定资产的折旧就可以作为一个调节企业税务成本的工具。

折旧的计算方法主要有两种：平均年限法，即以固定资产应提的折旧总额除以预计使用年限，求得每年平均应提折旧额，简单来说就是让固定资产在其使用时间内逐步地、平均地把它的价值转移到产品成本中去，固定资产转移价值的大小同使用年限成反比；加速折旧法，即为了适应科技发展的需要，加速设备的更新换代，不按固定资产的实际使用年限，而按比固定资产使用寿命短的年限提取折旧额。

（3）费用分摊计算法

企业费用开支有很多种内容，如管理费用开支、福利费用开支、劳务费用开支等。费用分摊的计算方法主要有三种：平均分摊法，即把一定时间内发生的费用平均摊到每个产品的成本中；实际费用摊销法，即根据实际发生的费用进行摊销，多则多摊，少则少摊，没有就不摊；不规则摊销法，即根据经营者需要进行费用摊销，可能将一笔费用集中摊入某一产品成本中，也可能在另一批产品中一分钱费用也不摊。

使用成本（费用）调整法来进行税收筹划，成本（费用）的调整务必要根据财务会计制度及规定进行财务会计技术处理，只有这样，才能保证企业涉税零风险。

21. 如何用好融资（筹资）法？

企业筹集资金的方式十分多样，常见的主要有吸收直接投资、发行股票、利用留存收益、发行债券、融资租赁、借款抵押、商业信用等7种方式。

不同的融资（筹资）方式，意味着不同的资金使用成本，因此，企业的融资（筹资）方式和方法也会对企业的税务成本产生关联影响。此外，税法对于不同融资（筹资）的政策也有差异，比如股权筹资，按照25%缴纳企业所得税，税收利润进行分配，需要缴纳利息股息红利个人所得税；债券筹资，按照利息股息红利缴纳个人所得税，支付的利息可以在企业所得税前扣除，减少相应的企业所得税；纳税人从关联方取得的借款金额超过其注册资本50%的，超过部分的利息支出不得在税前扣除。这就为企业使用融资（筹资）法来节税提供了一定的环境和基础。

融资（筹资）法，顾名思义，就是通过对融资（筹资）方式、金额、时机等的选择来使企业税负减少、利益最大化的税收筹划方法。

具体来说，如何用好融资（筹资）法呢？

（1）依靠有限公司节税

股份企业中的国家股和集体股可以享受减免税优惠政策。企业可以通过有限公司投资于集体股的方法来达到节税的目的。

集体股以关联企业取得的投资分配利润征收企业所得税。集体股投资的好处是将企业资产份额扩大，而又能够取得一定的优先利润分配额。企业所得税由于有税收优惠的规定，合并各项所得的结果会使企业收益增加。企业在税收优惠的条件下，为了取得对投资企业更大的发言权，就可以借股份公司名义借款或发行内部债券，通过较高的利息使得职工获得较大的收益。企业以集资收益增设集体股，从而使企业职工收益上较直接购买股票所带来的收益多。

（2）运用银行贷款节税

企业自我积累资金也是比较常见的筹资方法，但自我积累资金需要的时间比较长，且企业投入生产和经营活动后产生的全部税金只能由企业自负。与这种自我积累资金的筹资方法相比，运用银行贷款可以达到节税的目的。银行贷款投资产生收益后，出资机构也要承担一定的税额，因此企业的实际税负减少。利用贷款从事生产经营活动，对于减轻税负来说是一种有效的方法和途径。

（3）利用企业与经济组织之间资金拆借节税

企业与经济组织之间的拆借不仅可以快速解决企业的短期资金困难，而且双方在拆借资金的利息计算上和资金回收期限方面都有很大的协商空间，这种高弹性的协商空间就可以帮助企业冲减利润，降低纳税金额。

22. 如何用好租赁法？

对于企业来说，做好租赁过程中的税务筹划对于减轻税负也有实际意义。

同样是租赁汽车，如果只租赁车辆而不带司机，则属于有形动产租赁服务，一般纳税人增值税税率为13%；如果租赁车辆时也带司机，有承运资格，则属于交通运输服务，一般纳税人增值税税率为9%。

同样是在酒店会场开会，如果只让酒店方提供会议场地，没有配套服务，则属于不动产租赁，一般纳税人增值税税率为9%；而让酒店方既提供会议场地又提供配套服务，则属于会议展览服务，一般纳税人增值税税率为6%。

同样是出租建筑设备，如果将建筑施工设备出租给他人使用但没有配备操作人员，则属于有形动产租赁，一般纳税人增值税税率为13%；如果将建筑施工设备出租给他人使用并配备操作人员，则属于建筑服务，一般纳税人增值税税率为9%。

同样是出租库房，如果仅仅出租库房但没有配备仓库保管人员，则属于不动产租赁，一般纳税人简易计税的增值税征收率为5%或者一般计税的增值税税率为11%；如果出租库房并配备仓库保管人员，则属于仓储服务,一般纳税人简易计税的增值税征收率为3%或者一般计税的增值税税率为6%。

尤其是涉及重资产的机器设备等,相比于直接购买来说,租赁不仅可以避免重资购买设备带来的资金压力、经营风险,还可以通过支付租金的方式来冲减企业的计税所得额,减轻所得税税负。国家对出租人的机器设备租金收入按5%征收营业税,其税收负担也是比较轻的。

当出租人和承租人属于同一利益集团时,租赁可以使他们之间直接、公开地将资产从一家企业转给另一家企业。也就是说,同一利益集团中的某家企业可以将十分盈利的生产项目连同设备一道以租赁形式转租给另一家企业,并按有关规定收取足够高的租金,最终使该利益集团所享受的税收待遇最为优惠、税负最低。

23. 什么是低税区节税法?

低税区节税法,顾名思义,就是选择在低税区注册企业,从而达到合理、合法节税的最终目的。

全国各地对企业的税收政策是有差异的,一些地区的政府为了发展当地经济,设立了各种各样的创业园区、经济开发区、经济特区、创客中心等,并配套了专门的企业扶植政策,比如入驻三年内免征某些税费或减免办公场地租金等。企业在开展税收筹划时，要有全局思维和眼光，从全国或全世界的高度，充分了解全国各地、全世界各地的地域性税收政策，发现税收洼地，并结合企业的实际情况来享受地域性税收洼地带来的优惠政策，减轻企业税负，增加企业收入。

低税区包括税率较低、税收优惠政策多的国家和地区。我国的低税区一般都是经济技术开发区、工业园区、新技术产业园等。

将企业设立在税收优惠地区或者有财政返还的地区，可以非常有效地降低企业分红个税。有些地区为了鼓励经济发展，有诸如返还增值税和企业所得税的相关政策，也就是说，可以少交一定比例的增值税或企业所得税，税金变少了，自然能够分到手的钱就会变多。在税收优惠地区设立企业，不仅可以享受到更好的税收优惠政策，还能享受到投资退出的低税负。

需要注意的是，在设立公司前，一定要提前做好功课，确定合理的股权结构，这样不仅可以为自然人股东分红的税收筹划预留空间，还可以有效避免因股权导致的企业内部问题。

低税区的税收优惠政策并不是一成不变的，要想充分使用低税区节税法，就要时刻关注国家不同地区甚至不同国家或地区对企业税收政策的调整。以2020年为例，新型冠状病毒肺炎疫情的蔓延，导致很多企业无法正常开工，进而造成了巨大的经济损失。我国为了进一步推动企业的复工复产，避免企业倒闭潮、员工失业潮的发生，实施了一系列税种的减税降费以及退税、社保减半等政策。及时关注并了解国家对企业税收政策的调整，可以帮助企业避免因"消息不灵通""不知道有优惠""没有及时申请错过了优惠"等造成的经济损失。

第四章

企业设立税收筹划之企业注册地筹划

24. 西部大开发税收优惠政策有哪些?

西部大开发税收优惠政策介绍如下。

①对西部地区内资鼓励类产业、外商投资鼓励类产业及优势产业的项目在投资总额内进口的自用设备,在政策规定范围内免征关税。

②自2011年1月1日至2020年12月31日,对设在西部地区的鼓励类产业企业减按15%的税率征收企业所得税。2021年第23号公告指出,从2021年1月1日到2030年12月31日,对设在西部地区的鼓励类产业企业继续减按15%的税率征收企业所得税。

上述鼓励类产业企业是指以《西部地区鼓励类产业目录》中规定的产业项目为主营业务,且其主营业务收入占企业收入总额70%以上的企业。

③对西部地区2010年12月31日前新办的、根据《关于西部大开发税收优惠政策问题的通知》第二条第三款规定可以享受企业所得税"两免三减半"优惠的交通、电力、水利、邮政、广播电视企业,其享受的企业所得税"两免三减半"优惠可以继续享受到期满为止。2021年公告指出,从2021年1月1日到2030年12月31日,继续实施企业所得税"两免三减半"政策。

综上所述,我国对西部地区的开发是很重视的,通过多部文件输送了大量优惠措施,在西部大开发税收优惠政策中,指出在西部地区从事投资的外资免征关税、对西部企业减免15%的企业所得税,并且实行"三免两减半"政策,在增值税、营业税等税收方面给予大力支持。

西部大开发政策是我国为了发展西部地区而推出的相关政策,很多企业为了能够享受西部大开发政策,会专门在我国的西部地区成立子公司。而且由于西部地区很多区县的经济发展都比较缓慢,所以这些区县为了能够开源,会推出一些相应的税收方面的优惠政策来吸引企业入驻,也就是我们常说的税收洼地政策,这样的政策主要针对在该区县注册的企业,也就是地方性的税收政策。

很多区域在引进实体企业的时候,会给该企业一些税收方面的减免,这也是一种地方性的税收优惠。一是针对在该区域注册的有限公司实行增值税与所得税的奖励政策,这个政策可以与西部大开发政策结合使用,减轻企业的所得税压力。二是针对在当地注册的个人独资企业,可以享受核定征收政策。

25. 如何用好"两免三减半""五免三减半""三免六减半""五免五减半"政策?

"两免三减半"政策是指外商投资企业可享受自取得第一笔生产经营

收入所属纳税年度起两年免征、三年减半征收企业所得税的待遇。

对设在中西部地区的国家鼓励的外商投资企业,在五年的减免税期满后,还可延长三年减半征收企业所得税,也就是"五免三减半"政策。

对外商投资设立的先进技术型企业,可享受三年免征、六年减半征收企业所得税的待遇,也就是"三免六减半"政策。

对出口型企业,除享受上述两免三减半所得税优惠外,只要企业年出口额占企业总销售额的70%以上,均可享受减半征收企业所得税的优惠。

对外商投资企业在投资总额内采购国产设备,如该类进口设备属进口免税目录范围,则可按规定抵免企业所得税。

同时,"两免三减半""五免五减半"优惠政策也是国家对集成电路和软件产业实施的所得税优惠政策,以便于吸引国内外投资更多参与和促进信息产业的发展。2019年5月8日,国务院总理李克强主持召开国务院常务会议,部署推进国家级经济技术开发区创新提升,打造改革开放新高地;决定延续集成电路和软件企业所得税优惠政策,吸引国内外投资更多参与和促进信息产业的发展。会议指出,集成电路和软件产业是支撑经济社会发展的战略性、基础性和先导性产业。通过对在华设立的各类所有制企业包括外资企业一视同仁、实施普惠性减税降费,吸引各类投资共同参与和促进集成电路和软件产业发展,有利于推进经济结构优化升级,更好地满足高质量发展和高品质生活需求。会议决定,在已对集成电路生产企业或项目按规定的不同条件分别实行企业所得税"两免三减半"(第一年至第二年免征、第三年至第五年减半征收)或

"五免五减半"(第一年至第五年免征、第六年至第十年减半征收)的基础上,对集成电路设计和软件企业继续实施2011年《国务院关于印发进一步鼓励软件产业和集成电路产业发展若干政策的通知》中明确的所得税"两免三减半"优惠政策。2018年度所得税汇算清缴也按上述规定执行。同时,有关部门要抓紧研究完善下一步促进集成电路和软件产业向更高层次发展的支持政策。

26. 软件企业如何做好"双软认定"?

什么是"双软认定"?

双软认定是指"软件企业"的认定和"软件产品"的认定。

在做"软件产品认定"前法定必须办理"软件著作权登记"和"软件检测";实际上"双软认定"应当包含四个程序,依次是"软件著作权登记""软件检测""软件产品认定""软件企业认定"。

企业做"双软认定"能获得什么?

①软件产品登记后,对增值税一般纳税人销售其自行开发生产的软件产品,按13%的法定税率征收增值税后,对其增值税实际税负超过3%的部分实行即征即退政策。所退税款(10%)由企业用于研究开发软件产品和扩大再生产,不作为企业所得税应税收入,不予征收企业所得

税。软件产品登记的有效期为五年，有效期满后可申请续延。

②软件企业认定后，在我国境内设立的软件企业可享受企业所得税优惠政策。2011年1月1日以后创办的软件企业经认定后，自获利年度起，享受企业所得税"两免三减半"优惠政策。

③软件生产企业实行增值税即征即退政策所退还的税款，由企业用于研究开发软件产品和扩大再生产，不作为企业所得税应税收入，不予征收企业所得税。

④经认定的软件生产企业的工资和培训费用，可按实际发生额在计算应纳税所得额时扣除。

⑤软件企业不只是企业的文化，更是申请一些国家资助的有力依据，同时还可以显示企业技术实力和市场价值，有利于提升企业形象和无形资产价值。

"双软认定"四项办理时间如下。

（1）软件著作权登记

《软件著作权证书》办理分为加急程序办理和一般程序办理，加急程序办理是6~10个工作日拿证，一般程序办理是30个工作日拿证。

（2）软件检测

《软件检测报告》的办理时间是15个工作日。

（3）软件产品认定

《软件产品登记证书》的办理时间为1个月左右（可与《软件企业认定证书》同时办理）。

（4）软件企业认定

《软件企业认定证书》的办理时间为 1 个月左右（可与《软件产品登记证书》同时办理）。

"双软认定"的最大好处就是能享受税费的减免，软件产品认定可享受超过 3% 部分的即征即退，软件企业可享受"两免三减半"的企业所得税优惠政策。

"双软认定"是国家对于企业知识产权的一种保护方式。如果具备这方面的条件，那么企业完全可以去申请并享受各项优惠政策。

27. 享受西部大开发优惠政策是否可以同时享受"三免三减半"政策？

《财政部 国家税务总局关于执行企业所得税优惠政策若干问题的通知》（财税〔2009〕69 号）规定：

①执行《国务院关于实施企业所得税过渡优惠政策的通知》（国发〔2007〕39 号）规定的过渡优惠政策及西部大开发优惠政策的企业，在定期减免税的减半期内，可以按照企业适用税率计算的应纳税额减半征税。其他各类情形的定期减免税，均应按照企业所得税 25% 的法定税率计算的应纳税额减半征税。

②企业所得税法及其实施条例中规定的各项税收优惠，凡企业符合

规定条件的，可以同时享受。企业在"三免三减半"的定期减半期内，是可以同时享受西部大开发优惠政策的，即按照15%的法定税率减半征收企业所得税。可以同时享受优惠的情况仅限于定期减免税类和低税率类的税收优惠。

依此规定，适用西部大开发15%税率的企业，涉及定期减半征收或专项所得减半优惠的，可以按照企业适用税率15%计算减半征收。

还可以叠加享受的政策包括减计收入、加计扣除、抵扣应纳税所得额、加速折旧、税额抵免等。如果纳税人满足西部大开发企业的优惠条件，同时符合资源综合利用涉及相关产品收入，即企业以《资源综合利用企业所得税优惠目录》规定的资源作为主要原材料，生产国家非限制和非禁止并符合国家及行业相关标准的产品取得的收入，减按90%计入企业当年收入总额，这两项优惠政策也是可以叠加享受的。

此外，固定资产加速折旧、研发费用加计扣除、税额抵免的优惠，均可以与西部大开发优惠政策同时享受。如企业购置并实际使用《环境保护专用设备企业所得税优惠目录》《节能节水专用设备企业所得税优惠目录》《安全生产专用设备企业所得税优惠目录》规定的环境保护、节能节水、安全生产等专用设备的，该专用设备的投资额的10%可以从企业当年的应纳税额中抵免；当年不足抵免的，可以在以后5个纳税年度结转抵免。

不可以同时享受的税收优惠如下。

如果符合条件的高新技术企业减按15%的税率缴纳企业所得税，同时还是软件企业或集成电路企业，享受"两免三减半"或"五免五减半"

的优惠政策，则该减半按照规定按照 25% 的法定税率减半征收企业所得税。

根据财税〔2012〕27 号文件规定，软件企业和集成电路企业享受"两免三减半""五免五减半"优惠政策，与其他优惠方式存在交叉的，选择最优惠的政策执行，不叠加享受。

因此，高新技术企业 15% 的税率与"两免三减半"或"五免五减半"政策不能同时享受，只能选择其中一个优惠政策。

28. 民族自治地方分享减免优惠政策是否可以和小微企业税收优惠政策叠加享受？

据《财政部 国家税务总局关于执行企业所得税优惠政策若干问题的通知》（财税〔2009〕69 号）第二条规定，企业所得税法及其实施条例中规定的各项税收优惠，凡企业符合规定条件的，可以同时享受。

对于民族自治地方分享减免优惠政策与小微企业税收优惠叠加问题，部分民族自治地方分享减免优惠政策是对具备相关条件的企业给予的补充优惠政策，在减免税计算方面是附条件的，对附条件的减免地方分享优惠，需要在按照相关条件计算的税款基础上再减免企业所得税地方分享部分。比如首轮新疆困难地区企业所得税减免地方分享政策，规定

"在企业所得税25%法定税率减半征税的基础上，减免企业所得税地方分享的40%部分"。对于此类政策，如果企业在新疆困难地区优惠政策减半期内同时符合小型微利企业政策条件，则小型微利企业不能和减免地方分享政策叠加享受。

所以，民族自治地方分享减免优惠政策是否可以和小微企业税收优惠政策叠加享受，各个自治区的规定有所不同，企业在进行税收筹划选择企业注册地时要认真研究、仔细筹划。

29. 企业既符合高新技术企业所得税优惠条件，又符合小型微利企业所得税优惠条件，可否叠加享受？

根据《财政部 国家税务总局关于进一步实施小微企业所得税优惠政策的公告》（财政部 国家税务总局公告2022年第13号）及《国家税务总局关于落实支持小型微利企业和个体工商户发展所得税优惠政策有关事项的公告》（国家税务总局公告2021年第8号）的规定，目前小型微利企业使用的优惠政策如下。

2021年1月1日至2021年12月31日，对小型微利企业年应纳税所得额不超过100万元的部分，减按12.5%计入应纳税所得额，按20%的税率缴纳企业所得税；对年应纳税所得额超过100万元但不超过300

万元的部分，减按 50% 计入应纳税所得额，按 20% 的税率缴纳企业所得税。

2022 年 1 月 1 日至 2022 年 12 月 31 日，对小型微利企业年应纳税所得额不超过 100 万元的部分，减按 12.5% 计入应纳税所得额，按 20% 的税率缴纳企业所得税；2022 年 1 月 1 日至 2024 年 12 月 31 日，对小型微利企业年应纳税所得额超过 100 万元但不超过 300 万元的部分，减按 25% 计入应纳税所得额，按 20% 的税率缴纳企业所得税。

《中华人民共和国企业所得税法》(中华人民共和国主席令第 64 号) 第二十八条规定，国家需要重点扶持的高新技术企业，减按 15% 的税率征收企业所得税。

《财政部 国家税务总局关于执行企业所得税优惠政策若干问题的通知》(财税〔2009〕69 号) 第二条规定，《国务院关于实施企业所得税过渡优惠政策的通知》(国发〔2007〕39 号) 第三条所称不得叠加享受，且一经选择，不得改变的税收优惠情形，限于企业所得税过渡优惠政策与企业所得税法及其实施条例中规定的定期减免税和减低税率类的税收优惠。企业所得税法及其实施条例中规定的各项税收优惠，凡企业符合规定条件的，可以同时享受。

根据上述文件规定，企业所得税既可以选择适用高新技术企业的 15% 税率，也可以选择适用小型微利企业的优惠税率，但不得叠加享受。

30. 企业既符合大宗仓储物流企业优惠条件，也满足安置残疾人就业人数和比例，如何享受城镇土地使用税的减免优惠？

《财政部 国家税务总局关于继续实施物流企业大宗商品仓储设施用地城镇土地使用税优惠政策的公告》（财政部 国家税务总局公告2020年第16号）规定，自2020年1月1日起至2022年12月31日止，对物流企业自有（包括自用和出租）或承租的大宗商品仓储设施用地，减按所属土地等级适用税额标准的50%计征城镇土地使用税。

根据《财政部 国家税务总局关于安置残疾人就业单位城镇土地使用税等政策的通知》（财税〔2010〕121号）关于安置残疾人就业单位的城镇土地使用税问题：对在一个纳税年度内月平均实际安置残疾人就业人数占单位在职职工总数的比例高于25%（含25%）且实际安置残疾人人数高于10人（含10人）的单位，可减征或免征该年度城镇土地使用税。具体减免税比例及管理办法由省、自治区、直辖市财税主管部门确定。

这时候具体的减免税比例就要看当地的财税政策了。比如《山东省财政厅 山东省地方税务局转发〈财政部 国家税务总局关于安置残疾人就业单位城镇土地使用税等政策的通知〉的通知》（鲁财税〔2011〕6号）规定，对在一个纳税年度内月平均实际安置残疾人就业人数占单位在职职工总数的比例高于25%（含25%）且实际安置残疾人人数高于10人（含10人）的单位，免征该年度城镇土地使用税。

因此，纳税人可以选择最优的税收政策。

31. 如何在税收洼地注册纳税？

"税收洼地"是指在特定的行政区域，在其税务管理辖区注册的企业通过区域性税收优惠、简化税收征管办法和税收地方留成返还等处理方法，实现企业税负降低的目标。

利用"税收洼地"进行税收筹划的方案如下。

（1）利用国家级的区域性税收优惠政策

比较典型的有西部大开发相关的地区企业所得税减按15%进行征收的政策等。

（2）利用简化税收征管办法

常见的就是利用税务局在税收管理上的"核定征收"的办法，即利用核定利润率、核定征收率等方法计算公司制的企业所得税或者合伙制、个人独资制的个人所得税，对高毛利或者成本费用严重无票的企业进行核定征收或解决成本费用票的问题。

（3）利用税收地方分成后税收返还

中国是一个分税制的国家，贫富差距的问题导致国家和地方在税收层面有一个分配机制，目前的分配机制是增值税国家和省级地方对半开，所得税国家和省级地方六四分；因各地贫富差距不同，省级以下级别的地方和省级财政的各自分配方法也不同，所以具体到落地的地方政府财政其可以分配的部分一定低于省级财政的分成，而"洼地"的地方财政正是用这部分地方留成资金进行税收返还的，从而降低企业的税负，达到节税的目的。

想要在税收洼地节税，就需要与税收洼地产生税务关系，故只要把企业的注册地址放到税收洼地即可。

（1）企业注册地址迁徙

将企业注册地址迁徙到税收洼地能产生最好的节税效果，因为所有的业务都能够享受到税收优惠政策。

（2）在税收洼地开办新公司或者分公司

企业想要将注册地址从一个地方迁徙到另一个地方，就需要在原注册地址办理税务清缴手续，通常对于一些经营时间很长的公司来说，这个过程特别麻烦，很容易出问题。所以，这时候就可以把原企业的一部分业务采用新公司或者分公司方式注册到税收优惠地区，享受税收优惠政策。

（3）个人独资企业

以上两种方式主要针对的是想要开办有限公司的企业，其实个人独资企业也是企业节税的最优选择。

利用"税收洼地"节税也有风险。

（1）企业认为注册开公司后就可以开票，并未考虑实际成本列支及会计报表巨额利润问题

案例：某地区因为是国家级企业所得税免税优惠的地区，吸引了大批企业前来注册。某企业在注册该地区子公司后，采用大额对外开票确认收入的方法节税，结果近期该地区针对此类情况的企业进行大规模专项税务检查，企业面临巨大的税务调整风险。

（2）公司在设计母子公司结算方式及价格时缺乏专业考虑

案例：某生产制造企业通过在"税收洼地"注册销售子公司的方法节税，导致母公司形成了异常报表亏损，触发税务机关稽查。税务机关经稽查后，利用关联交易定价调整机制要求母公司补缴大额税收。

（3）公司在人力成本的支出未进行合理筹划时便进行性质转移

案例：某公司在一些中介的介绍下，利用个人独资企业模式的工作室进行员工薪酬筹划，公司在进入IPO阶段后发现这样的操作造成人力成本严重失真，所有采用此种方法的会计年度都很难作为申报报告期，企业遗憾地丧失了快速对接资本市场的机会。

"税收洼地"是实现合理节税的优选方案，既带动了贫困地区的经济发展，又响应了国家"一带一路"的政策。企业发展到一定阶段，税务常常会出现问题，要么各种税负特别高，要么难以取得合理的成本发票，要么出现了可能被稽查的风险点。专业的税收筹划就是寻找最合适的"治疗方法"，帮助企业解决这些税务健康问题。"税收洼地"方案必须结合专业的会计统筹，才能真正达到合法、合理节税的目的。

第五章

一般纳税人与小规模纳税人的企业设立的税收筹划

32. 企业的类型和区别有哪些?

目前，我国的企业有以下几种类型和区别。

①有限责任公司，包括：

a. 有限责任公司，它可以再细分为自然人独资、法人独资、自然人投资或控股、国有独资、外商投资、外商独资。它还可以下设分公司，其性质为"有限责任公司分公司"。

b. 股份有限公司，它可以再细分为上市和非上市两种。它也可以下设分公司，其性质为"股份有限公司分公司"。

②个人独资企业（由一个自然人投资设立），它下设的分支机构性质为"个人独资企业分支机构"。

③合伙企业（合伙人可以是两个以上自然人，也可以是有限公司、企业法人、事业法人、社团法人等）。它分为普通合伙和有限合伙。如下设分支机构，其性质为"合伙企业分支机构"。

接下来就是全民所有制企业，"国有"和"全民"统称为全民所有制；集体所有制企业；农民专业合作社。

我们所讨论的私营企业主要指"个人独资企业、合伙企业和由自然人投资的有限公司"。还有一种类型为"个体工商户",它的规模较小,单从名称上看,可能会与个人独资企业和合伙企业分不清,但核发的营业执照不同。

33. 纳税人的类型和区别有哪些?

我国目前增值税纳税人的类型分为小规模纳税人和一般纳税人。

所谓小规模纳税人,是指年销售额在规定标准以下,并且会计核算不健全,不能按规定报送有关税务资料的增值税纳税人。

一般纳税人则是指年应征增值税销售额超过财政部规定的小规模纳税人标准的企业和企业性单位。一般纳税人的特点是增值税进项税额可以抵扣销项税额。

那么,小规模纳税人和一般纳税人究竟有何区别呢?

①认定标准不同。我国增值税小规模纳税人标准目前为年应征增值税销售额500万元及以下,一般纳税人则与小规模纳税人相区别。需要注意的是,虽然公司没有达到认定标准,但是希望公司发展、壮大,以后在招标时有优势,或者日后与大型公司做生意,也可以主动申请成为一般纳税人。

②所需符合的条件不同。在一般情况下,小规模纳税人会计核算不

健全，且政策要求较为宽泛。而对于一般纳税人企业来说，其必须符合以下条件：有固定的生产经营场所；能够按照国家统一的会计制度规定设置账簿；根据合法、有效的凭证核算，能够提供准确的税务资料。

③二者适用的税率不同。当前，一般纳税人适用的税率分为6%、9%、11%、13%、17%几档；而小规模纳税人统一按3%的税率征收（新冠肺炎疫情期间减免的除外）。

④使用的发票不同。在日常经营活动中，小规模纳税人和一般纳税人所使用的发票也存在着差别。小规模纳税人销售货物一般使用普通发票，若遇到对方要求开具增值税专用发票的情况，可以到税务局代开3%或者1%的增值税专用发票。而一般纳税人既可以开具普通发票，也可以开具增值税专用发票，并且一般纳税人所取得的增值税专用发票可以用于抵扣。

⑤二者收取增值税专用发票后的账务处理不同。一般纳税人按价款部分计入成本，税款部分计入"应交税费—应交增值税—进项税额"账户；小规模纳税人则按全额计入成本。

⑥税收政策不同。一般纳税人与小规模纳税人的区别，还体现在税收政策方面。小规模纳税人按3%或1%的增值税税率征收，月销售额超过15万元，但季度销售额不超过45万元的，可以按规定享受免税政策。只有超过上述标准，才需要缴税，并且小规模纳税人通常按季度进行申报。而一般纳税人则与之不同，其纳税申报每月都要按时进行。

⑦应缴税金的计算方法不同。一般纳税人按"抵扣制"计算税金，即按销项减进项后的余额缴税；小规模纳税人按销售收入除以（1+适用

税率）后的金额再乘以税率计算应交税费。

以上为小规模纳税人与一般纳税人的具体区别。在现实社会经济中，企业选择成为小规模纳税人还是一般纳税人，还需结合自身的实际情况。但需要说明的是，在开发客户方面，一般纳税人相较于小规模纳税人来说更具优势。

34. 设立什么性质的公司更节税？

中国的有限责任公司是指根据《中华人民共和国公司登记管理条例》规定登记注册，由50个以下的股东出资设立，每个股东以其所认缴的出资额为限对公司承担有限责任，公司法人以其全部资产对公司债务承担全部责任的经济组织。

无限责任公司则是由两个以上股东组成、股东对公司债务负连带无限责任的公司形式，又称无限公司，为典型的人合公司。无限责任公司必须由两个以上的股东所组成，而且股东必须是自然人。股东对公司债务负无限连带责任，即股东必须以出资财产和出资财产以外的其他财产作为清偿公司债务的保证，当公司的全部财产不足以清偿公司债务时，债权人有权就其未受偿部分要求公司股东以其个人财产清偿，而且股东间的责任是连带的，偿还公司债务超过自己应承担数额的股东，有权向本公司的其他股东追偿，这样，这部分股东就成为新的债权人。在中国没有无限责任公司。

个人独资企业是指由一个自然人投资，财产为投资人个人所有，投资人以其个人财产对企业债务承担无限责任的经营实体。相比较之下，个人独资企业的节税效果非常好，适用于利润率高的行业或者需要转移利润的企业。根本原因有三点：其一，个人独资企业不缴纳企业所得税，只需要缴纳个人所得税；其二，可以申请核定征收，综合税率超低，可以节税；其三，所有政策符合国家法律、法规规定，属于合理节税范畴。自2022年4月1日起，小规模纳税人不用再交增值税，综合税率低至2%以下。

个人独资企业需要交什么税？企业经营主要涉及的税种有4个，分别是增值税、增值税附加、企业所得税和个人所得税。增值税和增值税附加的税率只跟经营的业务类型有关系，跟企业类型关系不大，个人独资企业最大的政策优势体现在所得税税种上。首先，个人独资企业免交企业所得税，只需交个人所得税、增值税及其附加。《国务院关于个人独资企业和合伙企业征收所得税问题的通知》（国发〔2000〕16号）规定，从2000年1月1日起，个人独资企业和合伙企业不再缴纳企业所得税，只对投资者个人取得的生产经营所得征收个人所得税。从2022年4月1日起，小规模纳税人普通发票500万元以内免交增值税。而所得税税率为0.5%~2.1%。其次，个人独资企业适用核定征收，总体核算下来，一家核定征收、小规模纳税人的个人独资企业，综合税率在2%以内，远低于有限责任公司的综合税率。企业可以根据自身的经营情况，与当地主管税务机关沟通，确定一种最适合自己的个税缴纳方式。不管采用哪种缴税方式，只要是主管税务部门核准的，都合法、合规。

适合采用个人独资企业节税的行业和经营范围有服务类、科技类、咨询类行业。不能核定的行业有银行、信用社、小额贷款公司、保险公司、证券公司、期货公司、信托投资公司、金融资产管理公司、融资租赁公司、担保公司、财务公司、典当公司等金融企业；会计、审计、资产评估、税务、房地产估价、土地估价、工程造价、律师、价格鉴证、公证机构、基层法律服务机构、专利代理、商标代理以及其他经济鉴证类社会中介机构。

个人独资企业常见可用的营业范围包括商务信息咨询，从事信息、计算机、软件科技领域内的技术开发、技术转让、技术咨询、技术服务，市场信息咨询与调查（不得从事社会调查、社会调研、民意调查、民意测验），会务服务，展示展览服务，公关活动策划，市场营销策划，企业管理咨询，旅游咨询，人才咨询，企业形象策划，从事教育科技领域内的技术开发、技术咨询、技术服务、技术转让。不能核定的经营范围有财务类：财务咨询、代理记账；会计类：审计验资、税务咨询；法律类：法律咨询；投资类：含"投资"类字眼；金融类：含"金融"类字眼；经济鉴定；演艺类：传媒、影视、演艺、直播、文化创意、艺术、文化类、文化传播、设计文化；建筑类：工程造价；咨询类：建筑工程设计咨询；房地产类：房地产开发、房地产营销策划、房地产经纪；中介：社会中介机构；商标：商标代理。

个人独资企业也有一些弊端：承担无限责任；业务受到限制；资金

受到限制，不能充分地利用股东的投资和杠杆；贷款难度大，不利于企业未来的长远发展。

35. 有限责任公司如何进行税收筹划？

有限责任公司可以采取以下三种税收筹划方法来为企业节税。

（1）公司捐赠与个人捐赠结合进行筹划

税法规定，企业发生的公益性捐赠支出，不超过年度利润总额12%的部分，准予扣除。利润总额只能在会计年度终了后才能计算出来，而捐赠是在年度期间发生的，如果企业在捐赠前不进行纳税分析，则可能使企业因捐赠而背负额外的税负；而将公司捐赠与个人捐赠结合起来，企业在承担社会责任的同时，也可以获得节税收益。另外，按照个人所得税法的规定，个人通过非营利的社会团体和国家机关向农村义务教育的捐赠，准予在缴纳个人所得税前的所得额中全额扣除。

由于企业所得税法设定了公益性捐赠的扣除比例，所以不少企业以公司名义捐赠得少，而以投资者个人名义捐赠得多，这是一种理性的做法。从股东利益出发，企业限定捐赠金额是必要的，作为补充举措，大股东以个人名义追加捐赠，这样既表达了爱心，又减轻了税负，是理性的商业与带有感情色彩捐赠的最好结合。

（2）划分企业经营支出和投资者个人支出

目前不少私营企业的会计核算不规范，要求财务人员报销其个人或家庭的消费性支出，将企业资金用于个人或家庭购买汽车、住房也不进行纳税申报，或者以借为名公款私用、偷税漏税，一旦被税务机关查实，会给企业和投资者造成严重的损失。

此外，为了避免部分企业股东以"借"为名，挪用公款私用，偷逃税款，税法规定，纳税年度内个人投资者从其投资企业（个人独资企业、合伙企业除外）借款，在该纳税年度终了后既不归还又未用于企业生产经营的，其未归还的借款可视为企业对个人投资者的红利分配，依照"利息、股息、红利所得"项目计征个人所得税。

（3）投资者分红与工资、薪金所得的筹划

由于企业所得税法取消了计税工资的限制，投资者领取的工资、薪金所得，只要是合理的工薪支出，允许税前扣除；而投资者分得的股息、红利所得，属于税后利润分配，不得税前扣除。因此，投资者可以在分红与工资、薪金所得之间进行选择，合理降低所得税税负。

通过税收筹划，预测企业的盈利水平，结合企业的生产经营实际制订一个综合分配方案，合理确定股东的工资和分红水平，在减轻税负的同时保证股东权益，是企业正确的选择。

36. 股份制企业如何进行税收筹划？

近年来，股权投资政策的出台促进了股份制企业的健康发展，股权投资也是资本市场的一部分。利润分配是投资者生命周期资本运营的关键环节。对于股东来说，他们不仅关心收入分配，还关心税收问题。合理的企业税收筹划方案可以促进企业纳税人利用优惠政策，选择最佳的税收方案，实现企业利益最大化。

（1）股份制企业的收入分配

根据股份制企业的收入分配计算，收入是企业在一定时期内实现的收入与发生的费用之间的差额。会计收入有两种含义：税前利润和税后净利润。

根据不同的收入内涵，收入分配的内容也不同。现代企业理论认为，企业是包括利益相关者在内的一系列契约的有机组合。基于此，将收入分配的范围分为内部分配和外部分配。分配的主体结构包括国家、所有者、企业和股东的物质利益和精神利益。

（2）股份制企业的收入分配范围

1）收入的外部分配

收入的外部分配主要是国家，这本质上是一个税收问题。通过这种硬分配比例，可以增加国家财政收入。国家首先对股份制企业征收所得税，然后分配税后利润。这种税收和利润转移可以促进企业实现自主经营，在相对公平的环境中竞争，促进财政政策改革的深化。此外，部分股份制企业在税后收入分配中仍存在银行贷款问题，需要在税后还贷，从而促进企业投资行为的合理性，提高银行贷款的经济效益。

2）税后收入内部分配

税后收入内部分配主要是弥补亏损、提取盈余公积金、提取公益金、支付优先股股利、提取任意盈余公积金和普通股股利分配。如果有不足之处，则需要用利润弥补上一年的亏损。本年度未实现利润的，公司不能提取公积金和奖励基金。

公积金是指用于企业发展的风险基金。在进行企业内部收入分配前，必须确保公司法定公积金达到规定数额。根据《中华人民共和国公司法》的规定，税后利润的10%应当列入法定公积金，累计超过注册资本的一半就不必再列入了。因此，分红前的分配需要满足上述条件。公益金是指职工的福利基金。提取公积金弥补亏损后的利润，按照优先股、普通股和股东股的比例分配。

（3）如何节税

根据个人税收规定，当个人股东收到企业分配的股息和分红时，应当依法缴纳20%的个人所得税。因此，在每年年底，股东的分红在表面上看起来非常可观，但在缴纳税款后就大大减少了。根据《中华人民共和国公司法》的规定，公司的股东可以是个人股东，也可以是公司法人股东。一般来说，企业在实现年度利润后，根据《中华人民共和国企业所得税法》，税后利润按规定分配给股东。税率如此之高，股东分红如何进行税收筹划？

随着税务审计的全面实施，个人所得税的规划空间相对减少。目前国内对股东分红如何进行税收筹划的回答基本上是改变原有的股权结构，但如果筹划不当，则很容易造成税务风险。学会合理地改变商业模式，通过公司将自然人的直接持股转变为间接持股，可以解决股东分红如何进行税收筹划的问题。

1）适用于20%税率的分红节税方法

如果所有股东都是企业，那么，在进行分红时可以换一种方式，将分红分配给法人股东。这时就没有必要缴纳个人所得税，而只涉及企业所得税，就可以很好地达到股东分红节税的目的。这种分红方式比较合理。

如果是有限公司的查账征收企业，则在进行股东分红时，可将分红分配给自然人股东。通过这种方式，企业可以扣缴并支付20%的个人所得税，就可以合理地为股东节税。

2）自然人股东分红节税方法

自然人股东在合作时可以选择通过合伙企业或一些有限公司间接持有股份。这样一来，他们就可以获得一定的节税空间，使得他们的股东分红节税工作合理、合法。

自然人股东还可以将个人的消费项目转化为企业的支出，从而实现变相的分红。《中华人民共和国个人所得税法》规定，利息、股息和红利所得应缴纳个人所得税，适用比例税率为20%。但个人股东从上市公司取得的分红可以减半征税。利息、股息、红利所得是指个人拥有债权、股权而取得的利息、股息、红利所得。红利也称公司（企业）分红，是指股份公司或企业根据应分配的利润按股份分配超过股息部分的利润，股份制企业以股票形式向股东个人支付股息、红利即派发红股，应以派发的股票面额为收入额计税。

总之，股东分红目的税收筹划并不是那么难，只要大家找到正确的方法，就可以达到合理节税的目的。

37. 自然人合伙企业如何进行税收筹划？

经过资本市场长期的筛选，合伙企业成为投资人优先选择的投资持股平台。但是，合伙企业的设立并不能直接带来税收筹划的效果。在这里主要通过合伙企业税收筹划的原理，来解析合伙企业的运用方法。

（1）合伙企业纳税原则

根据《国务院关于个人独资企业和合伙企业征收所得税问题的通知》（国发〔2000〕16号）、《财政部 国家税务总局关于合伙企业合伙人所得税问题的通知》（财税〔2008〕第159号）、《财政部 国家税务总局关于印发〈关于个人独资企业和合伙企业投资者征收个人所得税的规定〉的通知》（财税〔2000〕91号）及《国家税务总局关于〈关于个人独资企业和合伙企业投资者征收个人所得税的规定〉执行口径的通知》（国税涵〔2001〕84号）等的规定，在税收管理方面，合伙企业应遵循穿透原则和先分后税原则。穿透原则是指合伙人不作为纳税义务人，而以每一单独的合伙人为纳税义务人；先分后税原则是指合伙人获得收益后要分配时才进行纳税。而从税收筹划的角度来看，合伙企业的存在原则更加实用，即通过合理的架构设计，合伙人不仅能够通过合伙企业变更税收缴纳地和缴纳方式，并且还能享受税收优惠。

（2）自然人组成的合伙企业

以自然人直接投资的方式纳税缺乏筹划的空间，在其持有股权期间取得的分红或转让对外的投资时，需要按照股息、红利所得或一次性转让所得在个人住所所在地区或证券账户开设地所在地区缴纳个人所得税。

自然人组成的合伙企业的投资方式在自然人减持合伙企业的股权时，纳税的税率、地点和时间都有所不同。在纳税的税率方面，合伙企业的自然人适用的税率是个体工商户经营所得税率，但是税率优惠和税收返还等优惠政策为合伙企业自然人的纳税提供了筹划空间。在纳税地点方面，合伙企业自然人的纳税地点就是合伙企业的注册地，这些地点就是现在比较常见的税收洼地。在纳税时间方面，合伙企业的纳税时间是实际收益分配时间或者当年年度末。

（3）自然人合伙企业税收筹划的原理

对于自然人组成的合伙企业，税收优惠或者税收返还依赖于允许合伙人约定分配比例及税务局核定征收的方式两项要素来实现。

其中，允许合伙人约定分配比例为合伙企业对不同合伙人之间的收益分配提供了便利。根据财税〔2008〕第159号文第四条:"合伙企业的合伙人按照下列原则确定应纳税所得额:合伙企业的合伙人以合伙企业的生产经营所得和其他所得,按照合伙协议约定的分配比例确定应纳税所得额。合伙协议未约定或者约定不明确的,以全部生产经营所得和其他所得,按照合伙人协商决定的分配比例确定应纳税所得额。"

税务局核定征收的纳税方式原本是为了避免不合理的低价交易导致的偷税漏税而设计的,但是同时也给予了部分地方税务机关税收征缴定量裁决的权力。通过对合伙企业应纳税所得额的核定,合伙企业实际承担的税负和法定税负相比较,是远低于法定税负的。

除收入调节、核定征收外,部分地方税务机关也通过财政返还的方式为合伙企业提供税收优惠,这一部分的返还主要来源于地方征缴税收留存的那部分。

(4)税收损失的风险

合伙企业的设置并不能直接带来税收筹划的效果,这一架构的设立相应会导致自然人原本的税收优惠政策无法使用。以上市公司的定增为例,根据财政部、国家税务总局、证监会《关于个人转让上市公司限售股所得征收个人所得税有关问题的通知》(财税〔2009〕167号)及《关于个人转让上市公司限售股所得征收个人所得税有关问题的补充通知》(财税〔2010〕70号),自然人在限售股解禁后认购的股票减持时不需要缴纳个人所得税。但是,合伙企业的设立就与这个政策冲突,导致该政策无法使用。

(5)法人组成的合伙企业

相较于自然人,除为隔绝作为普通合伙人的无限连带责任及稳定一致行动关系等特殊考虑外,实务中法人作为合伙人组成的合伙企业较为少见。这一现象源于法人组成的合伙人无法实现税率、缴税地点及时间的变更,从而实现税收筹划。

反之,法人组成合伙企业进行对外投资将导致法人的税收损失。以法人股东的股息、红利为例,法人直接投资取得的股息、红利属于免税收入,而合伙企业的存在将导致《中华人民共和国企业所得税法》及其实施条例规定的"居民企业直接投资于其他居民企业取得的投资收益"的免税条件被打破。

第六章

集团公司扩张形式的税收筹划

38. 总分制模式如何进行税收筹划？

根据巩固核心产业、积极多元化发展的策略，整合企业产业链条，组建子公司、分公司，对提高企业的市场竞争力、树立良好的品牌形象具有重要的作用。从税收角度来分析，企业的规模扩张也增加了税收成本和纳税风险，同时也为税收筹划提供了广阔的空间。针对目前母子公司、兄弟公司之间存在大量关联交易的情况，可通过改变公司核算方式，让税收"小筹划"为企业赚取"大实惠"，从而实现科学"节税"。

《中华人民共和国营业税暂行条例实施细则》第十条规定："负有营业税纳税义务的单位为发生应税行为并收取货币、货物或者其他经济利益的单位，但不包括单位依法不需要办理税务登记的内设机构。"就非独立核算单位如何征收营业税问题，《关于印发〈营业税问题解答（之一）〉的通知》（国税函发〔1995〕156号）第五条明确规定："内部施工队伍为本单位承担建筑安装业务，凡同本单位结算工程价款的，不论是否编制工程概（预）算，也不论工程价款中是否包括营业税税金，均应当征收营业税；凡不与本单位结算工程价款的，不征收营业税。"

2001年9月，财政部、国家税务总局《关于明确〈中华人民共和

第六章　集团公司扩张形式的税收筹划

国营业税暂行条例实施细则〉第十一条有关问题的通知》(财税〔2001〕160号) 文件第一条对细则第十一条中的"向对方收取货币、货物或者其他经济利益"进行明确：是指发生应税行为的独立核算单位或者独立核算单位内部非独立核算单位向本独立核算单位以外单位和个人收取货币、货物或其他经济利益，不包括独立核算单位内部非独立核算单位从本独立核算单位内部收取货币、货物或其他经济利益。该文件第二条规定："本通知第一条所称独立核算单位是指：(一)在工商行政管理部门领取法人营业执照的企业。(二)具有法人资格的行政机关、事业单位、军事单位、社会团体及其他单位。"显然，独立核算单位与其内部非独立核算单位之间提供营业税应税行为的，不论是否收取货币、货物或其他经济利益，均不纳税。因此，在本文件施行后，上述国税函发〔1995〕156号文件的规定自行废止。新规定自2001年9月1日起执行。

基于以上税收政策，如果提供营业税应税行为的公司同时具备以下两个条件，那么公司从独立核算方式改为接受劳务公司下属的一个非独立核算公司后，两公司间互相提供的营业税应税行为收入就不必缴纳营业税，企业税负将大大降低，从而达到税收筹划的目的。

①两公司间客观上存在提供营业税应税行为的事实。

②在改变核算方式时无国家强制性规定禁止或者经营许可限制。

本方案具有筹划空间大、筹划成本低和易于操作的特点。目前具备本筹划方案条件的公司有很多，如供电公司下属独立核算的电力建设工程公司、公路站所属的养护公司等，都值得认真探讨。另外，公司整合也为企业所得税筹划提供了广阔的空间。

在此需要特别说明两点：

①公司间提供营业税应税劳务量占所有业务收入比例越大，该筹划方案的使用价值越大，筹划的必要性越强。

②根据财税〔2001〕160号文件的规定，整合后的甲公司必须将为本独立核算单位内部提供应税劳务、转让无形资产、销售不动产取得收入和为本独立核算单位以外单位和个人提供应税劳务、转让无形资产、销售不动产取得的收入分别记账、分别核算。凡未分别记账、未分别核算的，一律征收营业税。

39．母子制模式如何进行税收筹划？

集团与子公司在法律上都是可以独立承担民事责任的法律主体。如果是分公司，那么分公司不是独立承担民事责任的法律主体，分公司的所有税负都是纳入母公司再计算的。但如果集团与子公司之间互相操作，则可以达到少交企业所得税的目的。

（1）关联交易

以前跨国公司多用关联交易节税，当我国企业所得税税率高于跨国公司其他国家母公司或者子公司所得税税率时，可以通过低价卖出生产的商品或服务，高价买进所需原材料、固定资产、专利使用权使用费、商标使用费、咨询服务等转移国内企业的利润,"低价"和"高价"都是相对于公开市场的有序交易价格而言的。针对此,后来国家税务总局国际税务司专门成立了"反避税一处""反避税二处"这样的反避税部门来应对跨国公司的避税,来达到减少税收流失,维护国家税收权益的目的。其实,关联交易转移利润也被用于国内企业的母子公司、子公司与子公司之间,手段类似。可以从盈利企业将部分利润转移至亏损企业,也可以将盈利企业的利润转移至部分特殊享受企业所得税优惠的企业。

(2) 转移业务

将一部分一直亏损的业务出售给盈利能力好的公司,满足平衡利润的需要。举个例子,甲公司经营地产和酒店业务,地产业务盈利很好,酒店业务盈利一般。甲公司旗下有乙公司,乙公司经营娱乐板块业务,由于投入规模大,盈利周期长,前期亏损巨大。那么甲公司可以将地产业务资产(不是股权)卖给乙公司,由乙公司来承接地产业务。这样,以后甲公司只经营酒店业务,乙公司经营地产与娱乐板块业务,相比以前,甲公司和乙公司的盈利都减少了,交的企业所得税也就少了。

(3) 转移成本

将同一集团下亏损公司的人员以兼职、调动等方式,转移到盈利能力好的公司,从盈利好的公司发薪。比如,有一部分跨国企业,人员大部分时间在内地工作,但是薪资在中国香港的亚太区总部发放,因为中国香港的个人所得税税率低。将亏损企业的冗余资产转移给盈利好的公司,这样运行成本、折旧都从盈利能力好的公司计量,从而平衡集团与子公司,以及各子公司的总体利润,减轻总体企业所得税税负。

40. 家族企业如何进行税收筹划?

家族企业在所有企业组织形态中,有其特殊性。这种特殊性在于家族企业的所有权掌握在以血缘、亲缘为纽带的家族成员手中,但并不能由此推断家族企业就是一种低效率的企业形式。相反,作为一种制度安排,其本身的存在就说明了其存在的合理性。

家族企业税收筹划的方式有很多种,从实务的角度可分为两种,即事前的规划与现状的优化,从而达到三个目标。

首先,排除现存的可能的风险,避免或减少不必要的支出。税收风险意味着补税、滞纳金或罚款等行政与刑事责任及家族或企业声誉的损失。

税收筹划的首要目标就是通过事前的周密分析和规划,排除拟进行的交易或事项在未来可能发生的税收风险,在企业现存基础上找到现有的税收风险,找到其存在的原因,设计出解决方案,从而消除该风险,避免该风险导致企业承担不必要的成本。

其次,消除税收非效率,优化税收管理现状。通过对现状的审阅和优化,发现家族或企业重复纳税、可享有而未享有的税收优惠,在综合考量的基础上，采取措施加以优化和改进。

最后，重构结构和模式，为适用更优税收政策创造条件。

这是从家族成员层面进行的税收筹划，考虑各种股权架构对股东及家族成员和家族持有期间及退出时点的税收影响；同时也是经营层面的税收筹划，如家族企业和家族成员个人的流转税、企业所得税、财产税、行为税、个人所得税等，通过筹划降低经营层面的税负，从而提高盈利水平。

第七章

企业融资的税收筹划

41. 如何利用银行贷款进行税收筹划？

很多企业都会向银行借款，这是正常的，而由此产生的利息支出如何最大限度地在税前扣除，成了企业必须面对的问题。如何做好借款利息的税收筹划，为企业节税？

借款利息支出是一家正常经营的企业经常会发生的一项支出，但由于企业借款对象的不同、企业借款用途的多样性，企业发生的借款费用是否可以税前列支、如何列支，也就成了企业必须面对的问题。税法对此做出了比较详细的规定。

《企业所得税税前扣除办法》第三十四条规定，纳税人发生的经营性借款费用，符合《中华人民共和国企业所得税暂行条例实施细则》对利息水平限定条件的，可以直接扣除。为购置、建造和生产固定资产、无形资产而发生的借款，在有关资产购建期间发生的借款费用，应作为资本性支出计入有关资产的成本；有关资产交付使用后发生的借款费用，可在发生当期扣除，等等。可以说，现行的税收法规和政策对一般纳税人借款利息的扣除规定得十分具体和详细。一般而言，对照这些政策，纳税人完全可以对利息费用做出正确的处理。

至于如何让公司在企业所得税税前多列支利息费用、少缴纳企业所得税，则是一个税收筹划问题。鉴于现行的税收法规和政策对纳税人借款利息的税前扣除标准规定得十分具体和详细，因而在利息费用的列支上，几乎没有税收筹划的空间。但是，如果仔细分析，我们不难发现，有关借款利息税前扣除的政策实际上也就包括两方面的内容：一是一般经营性借款或者流动性借款利息税前扣除的规定；二是专门性借款，即固定资产借款利息税前扣除的规定。对于流动性借款所产生的利息与费用，以不高于同期银行贷款利息为限在税前扣除，超过限额的则不得扣除，并且不得在以后年度扣除。对于固定资产性借款所产生的利息与费用则不得扣除，而只能作为资本性支出，全部进行资本化的处理，即全部计入有关固定资产的成本，通过折旧的方式计入成本与费用。对比两者，我们会发现，对资本性借款的利息与费用支出虽然不能在购建固定资产当年一次性在税前扣除，但是却没有任何的扣除限额限制；换言之，尽管在扣除时间上存在迟延，但却全部抵减了计税利润。而一般性借款，即经营性借款的利息与费用虽然可以在税前实现扣除，但存在一个扣除限额的限制，一旦超过了可扣除的限额，就永远不能实现扣除了，也就无法抵减计税利润了。

也就是说，经营性借款利息与费用支出将形成永久性差异，而资本性借款利息与费用支出则形成时间性差异。对纳税人而言，永久性差异所形成的损失是无法弥补的，而时间性差异所形成的损失却可以随着时间的推移在一定程度上甚至全部实现弥补。因此，一般而言，某一业务在纳税上如果既可能产生永久性差异方案，也可能产生时间性差异方案时,那么我们应当选择产生时间性差异的纳税方案。具体到借款利息与费用支出方面,我们在进行税收筹划时,如果没有其他更为合理的选择,就应当选择产生时间性差异的纳税方案。

总体而言,我们应尽量选择资本性借款利息与费用,这是相对而言更为合理的纳税方案。

42. 如何利用发行债券进行税收筹划?

债券是依照法定程序发行,约定在一定期限内还本付息的有价证券。根据发行主体可以分为政府债券、金融债券、公司债券。债券利息收入属于利息收入。

《中华人民共和国企业所得税法实施条例》第十八条规定:"企业所得税法第六条第(五)项所称利息收入,是指企业将资金提供他人使用但不构成权益性投资,或者因他人占用本企业资金取得的收入,包括存款利息、贷款利息、债券利息、欠款利息等收入。利息收入,按照合同约定的债务人应付利息的日期确认收入的实现。"

注意例外情况:永续债利息收入可挑选适用企业所得税政策的税收筹划。企业发行的永续债,能够适用股息、红利企业所得税政策,发行方和出资方均为居民企业的,永续债利息收入可以适用企业所得税法规定的居民企业之间的股息、红利等权益性投资收益免征企业所得税规定。

企业发行符合规定条件的永续债，也可以按照债券利息适用企业所得税政策，即：发行方支付的永续债利息支出准予在其企业所得税税前扣除；出资方取得的永续债利息收入应当依法纳税。

根据《财政部　国家税务总局关于永续债企业所得税政策问题的公告》（财政部　国家税务总局公告2019年第64号），利用发行债券进行税收筹划要符合下列条件中5条（含）以上。

①被投资企业对该项投资具有还本义务。

②有明确约定的利率和付息频率。

③有一定的投资期限。

④投资方对被投资企业净资产不拥有所有权。

⑤投资方不参加被投资企业日常生产经营活动。

⑥被投资企业可以赎回，或满足特定条件后可以赎回。

⑦被投资企业将该项投资计入负债。

⑧该项投资不承担被投资企业股东同等的经营风险。

⑨该项投资的清偿顺序位于被投资企业股东持有的股份之前。

43. 如何利用购买债券进行税收筹划？

企业可以发行债券，也可以购买债券。

债券利息收入在税收筹划中怎样计算？

（1）企业购买国债利息免税的税收筹划

《中华人民共和国企业所得税法》第二十六条规定，企业的国债利息收入为免税收入。

国债利息分为持有环节确认的利息和转让环节确认的利息。

持有环节：以国债发行时约定应付利息的日期，确认利息收入的实现。

转让环节：企业转让国债，应在国债转让收入确认时确认利息收入的实现。

根据《国家税务总局关于企业国债投资业务企业所得税处理问题的公告》（国家税务总局公告2011年第36号）可知：

利息收入确认公式：国债利息收入 = 国债金额 × （适用年利率 ÷ 365） × 持有天数

上述公式中的"国债金额"，按国债发行面值或发行价格确认；"适用年利率"按国债票面年利率或折合年收益率确认;如企业不同时间屡次购买同一品种国债的,"持有天数"可按平均持有天数计算确认。

(2)企业购买地方政府债券利息免税的税收筹划

地方政府债券是指以省、自治区、直辖市和计划单列市政府为发行和归还主体的债券。根据《财政部 国家税务总局关于铁路债券利息收入所得税政策的公告》(财政部 国家税务总局公告2019年第57号),对企业和个人取得的2012年及以后年度发行的地方政府债券利息收入,免征企业所得税和个人所得税。

(3)企业购买铁路债券利息收入折半征收

铁路债券是指以我国铁路总公司为发行和归还主体的债券,包含我国铁路建设债券、中期票据、短期融资券等债款融资工具。根据《财政部 国家税务总局关于铁路债券利息收入所得税政策的公告》(财政部 国家税务总局公告2019年第57号),对企业投资者持有2019—2023年发行的铁路债券取得的利息收入,折半征收企业所得税。

44. 如何利用租赁经营进行税收筹划?

所谓租赁,就是由物件所有者(出租人)按照合同的约定,在一定期限内将物件出租给使用者(承租人)使用,承租人按合同向出租人缴纳一定的租金。租赁在我国主要指银行、租赁公司和委托投资公司出租大型设备的活动。这些出租人本身不是生产企业，但拥有资金，可以从国外设备制造单位或设备供应厂商购买机器后再向国内外用户出租。租赁的范围包括飞机、船只、车辆、电子计算机和各种机电设备，甚至扩大到成套工厂。

租赁主要有两类：一种是融资性租赁，指出租人将租赁物出租给承租人，按期收回租金，租赁期满后，承租人支付一定的价款购买租赁物的租赁形式。其中，租赁期一般不低于租赁物经济寿命的75%，租赁物的购买价一般很低，融资性租赁固定资产的承租人应将租赁资产作为自有固定资产进行处理，如计提折旧等。租赁期满时，承租人可以支付象征性货价以取得租赁物件的所有权。融资性租赁具有可自己选择租赁物件、租赁时间长、不得中途退约的特点。

另一种是经营性租赁，也称服务租赁、管理租赁或操作性租赁。经营性租赁是出租人提供租赁物，出租人按期收回租金，租赁期满，出租人收回租赁物的租赁形式，出租物的所有权属于出租人。

租赁对承租人来说，可以避免长期拥有机器设备而承担资金占用和经营风险。租金的支付过程较为平稳，与其他方式筹集来资金购买企业所需的机器设备相比，具有很大的均衡性。企业购买机器设备，其贷款人一般为一次性支出，即使采用分期付款的方式，资金的支付时间仍比较集中；而租赁过程中支付资金的方式可在签订合同时双方共同商定。这样，承租企业就可以从减少税负的角度出发，通过租金的平稳支付来减少企业的利润水平，使利润在各个年度平均分摊，以达到减轻所得税税负的目的。

45. 如何利用关联企业资金拆借进行税收筹划？

在我国市场经济迅速发展的同时，企业之间的投资和股权关系也日益复杂多样，关联企业的经济活动对企业的影响越来越大。目前我国在实际操作中存在相当数量的关联企业互相拆借资金行为，主要可以分为营业税和企业所得税两方面。税收筹划作为企业在市场经济中的权利，能够最大限度地提升企业的财务利益，通过关联企业资金拆借合理分担借款费用也是税收筹划的方法之一。

（1）关联企业的界定

随着我国市场经济的不断发展，我国的现代企业制度建设越来越完备，关联企业作为一种企业间联合的发展模式已经成为现代市场经济中不可或缺的组成部分。《中华人民共和国公司法》第二百一十六条对关联关系这一概念做出了明文解释："公司控股股东、实际控制人、董事、监事、高级管理人员与其直接或者间接控制的企业之间的关系，以及可能导致公司利益转移的其他关系。"而从我国税收法律的角度来看，关联企业的定义为"在资金、经营、购销等方面，存在直接或间接被同一第三方拥有或控制，或在某方面有利益关联的企业"。一般来说，关联企业是为了达到特定目的而以特定方式联合起来的两家或多家企业，主要有股权参与、资金融通和协议合同等方式。因此，关联企业的类型主要有某企业的子母公司，与某企业同属子公司的其他企业，对某企业共同投资或控制的其他企业，某企业的合营及联营企业，某公司主要投资者、关键管理人员及其家人共同控制、投资的其他企业等。

（2）关联企业资金拆借的税务问题

从我国税收法律的角度来看，关联企业的资金拆借主要分为营业税和企业所得税两方面。

1）营业税

关联企业之间资金拆借的营业税税收问题有以下两种情况。

第一种情况是当关联企业之间的分拨资金是企业自有资金时，国税函发一百五十六号第十条将此类资金拆借均当作贷款行为，税务部门有权对其按"金融保险业"税目来对出借企业收取的利息征收营业税。

第二种情况是关联企业之间拆借的资金是其向金融机构借贷后划拨给关联企业的，在特定条件下能够免交营业税。

此类资金拆借行为要免交营业税，必须满足三个条件：首先，出借方为金融机构，同时能够出具借款证明文件；其次，集团主管部门或核心企业与其关联企业签署贷款合同或达成成本分摊协议；最后，集团主管部门或核心企业对其关联企业收取的利率不高于金融机构向企业收取的利率。

此外，当关联企业之间的自有资金拆借属于无偿借款时，由于是没有收取货币、货物及其他经济利益的无收入表现，并不涉及营业税问题。

而当关联企业之间无偿让渡银行借款时,则被视为将企业利益转赠他人的行为,税务部门有权以银行同期借款利率对收款的关联企业的转借收入进行衡量并征收营业税。

2)企业所得税

对于关联企业间的出借方来说,《税收征收管理法》第三十六条明文指出,税务机关有权对出借方收取的利息征收企业所得税;当出借方对关联企业无偿出借资金时,税务机关同样有权按银行同期借款利率计算其利息所得并征收企业所得税。而对于借入方来说,因为涉及利息支出列支问题,还需要防止资本弱化。当借入资金是关联企业的自有资金时,《中华人民共和国企业所得税法》第四十六条指出,借入企业从其关联企业接受的债权性投资与权益性投资的比例超过规定标准而发生的利息支出,不得在计算应纳税所得额时扣除。而当借入资金为关联企业由银行借入后分借出去时,财税〔2008〕121号文件规定,在借入方能够出具银行借款证明文件的条件下,允许借款的关联企业对借款利息共同承担,并在征税时除去该部分利息,不接受资本弱化调整。

(3)关联企业利用资金拆借进行税收筹划的路径

关联企业合理、合法地进行税收筹划,能够有效增强企业的竞争力。同时,关联企业通过内部资金拆借,或向金融机构借款后分拨使用,可以实现企业的债务融资,有助于企业生产经营活动的正常进行。

为了降低企业应缴纳的税务,对关联企业资金拆借的税收筹划的基本思路如下:关联企业中的核心企业负责向金融机构借款,并将借入资金转入集团内部,再由集团主管部门依据各关联企业的具体需求分别拆借给各关联企业，按照其实际状况分摊利息。通过关联企业内部签署贷款和利息分摊协议并出具金融机构的借款证明文件，出借企业能够免交营业税，借入企业也可以与集团内其他关联企业共同承担借款的利息费用，并在税前将其扣除，以此来实现税收筹划，减轻关联企业的税务负担。

此外，对于自有资金宽裕或贷款来源广泛的关联企业来说，在资金拆借上可以通过无偿借款或预支付款的方式实现利润的转移，通过此类无收入表现免去对营业税的缴纳，仅仅由关联企业间的出借企业缴纳企业所得税，承担资金的利息，大大降低关联企业的税务负担。

46. 如何利用发行股票进行税收筹划？

发行股票仅仅属于上市公司筹资的选择方案之一，非上市公司没有权利选择这一筹资方式，因此，其使用范围相对比较狭窄。

股票是股份公司发行给股东的所有权凭证，可以分为普通股和优先股。

（1）普通股

普通股是指在公司的经营管理和盈利及财产的分配上享有普通权利的股份，代表满足所有债权偿付要求及优先股股东的收益权与求偿权要求后对企业盈利和剩余财产的索取权。它构成公司资本的基础，是股票的一种基本形式，也是发行量最大、最为重要的股票。普通股股票持有者按其所持有股份的比例享有以下基本权利。

1）公司决策参与权

普通股股东有权参与股东大会，并有建议权、表决权和选举权，也可以委托他人代表其行使股东权利。

2）利润分配权

普通股股东有权从公司利润分配中得到股息。普通股的股息是不固定的，由公司盈利状况及其分配政策决定。普通股股东必须在优先股股东取得固定股息之后，才有权享受股息分配。

3）优先认股权

如果公司需要扩张而增发普通股股票，那么现有普通股股东有权按其持股比例，以低于市价的某一特定价格优先购买一定数量的新发行股票，从而保持其对企业所有权的原有比例。

4）剩余资产分配权

当公司破产或清算时，如果公司的资产在偿还欠债后还有剩余，那么其剩余部分按先优先股股东、后普通股股东的顺序进行分配。

（2）优先股

优先股是公司在筹集资金时给予投资者某些优先权的股票。这种优先权主要表现在两方面：一是优先股有固定的股息，不随公司业绩好坏而波动，并且可以先于普通股股东领取股息；二是当公司破产进行财产清算时，优先股股东对公司剩余财产有先于普通股股东的要求权。但优先股一般不参加公司的红利分配，持股人也无表决权，不能借助表决权参与公司的经营管理。因此，优先股与普通股相比较，虽然收益和决策参与权有限，但风险较小。

公司发行优先股主要出于以下考虑：清偿公司债务；帮助公司渡过财务难关；想增加公司资产，而又不影响普通股股东的控制权。

发行股票所支付的股息、红利是在税后利润中提取的，因此，无法像债券利息或借款利息那样享受税前抵扣的待遇。而且发行股票筹资的成本相对来讲也比较高，并非绝大多数企业所能选择的筹资方案。当然，发行股票筹资也有众多优点，比如，发行股票无须偿还本金，没有债务压力。成功发行股票对企业来讲也是一次非常好的宣传机会。

47．如何以货币形式投资进行税收筹划？

为了鼓励中外合资经营企业引进国外先进技术，我国税法规定，按照合同约定，作为外国合营者出资的机械设备、零部件和其他物料，合营企业以投资总额内的资金进口的机械设备、零部件和其他物料；以及经审查批准，合营企业以增加资本新进口的机械设备、零部件和其他物料；以及经审查批准，合营企业可以以增加资本新进口的国内不能保证供应的机械设备、零部件和其他物料，可免征关税和进口环节的增值税。

也就是说，合资中外双方均以货币形式投资，用其投资总额内的资本或追加投入的资本进口的机械设备、零部件等，同样可以享受免征关税和进口环节的增值税，从而达到节税的目的。

48. 如何以固定资产投资进行税收筹划？

投资活动离不开资产的运作，而在企业的资产中，固定资产占有很大的比重，因此，企业对固定资产投资及管理是否得当，是投资税收筹划的重要内容。

投资于固定资产可以享受折旧抵税的优惠待遇，减轻所得税税负。众所周知，加大成本会减少利润，从而使所得税减少。如果不提折旧，那么企业的所得税将会增加许多。企业进行固定资产投资，于资产使用期内可以分期计提折旧。

折旧可以起到减轻税负的作用，这种作用被称为"折旧抵税"或"税收挡板"。

固定资产折旧的方法主要有平均年限法、工作量法、加速折旧法（年数总和法、双倍余额递减法）等。企业通过选择加速折旧法，可以使国家的所得税先留在企业营运和周转，企业可以在资金的时间价值上获得实质性的收益。对于折旧方法国家有比较严格的规定，一般只能选用平均年限法或工作量法。国家税务总局制定的《企业所得税税前扣除办法》（国税发〔2000〕84号）规定，对促进科学进步、环境保护和国家鼓励投资的关键设备，以及常年处于震动、超强度使用或受酸、碱等强烈腐蚀状态的机器设备，可由纳税人提出申请，经当地主管税务机关审核，逐级报国家税务总局批准，按照缩短折旧年限或采取加速折旧方法进行纳税调整。

在实际工作中，有些企业为了推迟企业的获利年度，对一些固定资产采取缩短折旧年限或不留残值的方法提高折旧率，从而达到节税的目的。当然，以上措施只有在无其他因素影响的前提下才可实施，否则将不可取。比如，在我国的所得税法中都规定了免税、减税条款。企业在盈利前期享受免税、减税待遇时，加快固定资产折旧速度，企业所得税的负担在将来就会加重。因为企业在可以享受减免税待遇期间，将可以作为利润的部分作为费用，使这部分利润没能享受到减免待遇。如果外资企业在开业初期发生亏损，按我国现行税法规定，可以在以后五年内以税前利润抵扣，抵扣之后有盈利，则确认为获利年度，从当年起享受减免税待遇。在这种情况下，采用加速折旧方法是不可取的。

第八章

企业投资的税收筹划

49. 投资技术密集型企业如何进行税收筹划？

高新技术企业要提高税收筹划水平，需从以下几个方面努力。

首先，税收筹划是一种高层次的理财活动，成功的税收筹划不仅要以正确的税收原理做指导，还要求财务人员掌握法律、税收、会计、金融等多方面的专业知识，培养严密的逻辑思维能力和应变能力，更要求企业领导和财务人员系统地掌握税收筹划原理。

其次，高素质的税收筹划人员是成功开展税收筹划活动的必要前提。因此，高新技术企业还要积极培养专业的税收筹划人员，在必要情况下还应聘请专业的税务顾问，以便更好地开展税收筹划活动。

最后，应正确理解高新技术企业的税收筹划活动。应意识到税收筹划活动是一种受国家法律保护的正当经营手段，是合理节税的手段，不应把税收筹划和偷税、漏税等非法行为混为一谈。

技术密集型企业如果被认定为高新技术企业，便可享受相应的税收优惠。根据科技部、财政部、国家税务总局 2008 年 4 月联合颁布的《高新技术企业认定管理办法》，认定高新技术企业的一般标准如下：

①在中国境内（不含港、澳、台地区）注册的企业，近三年内通过

自主研发、受让、受赠、并购等方式，或通过五年以上的独占许可方式，对其主要产品（服务）的核心技术拥有所有权。

②产品（服务）属于《国家重点支持的高新技术领域》规定的范围。

③具有大学专科以上学历的科技人员占企业当年职工总数的30%以上，其中研发人员占企业当年职工总数的10%以上。

④企业为获得科学技术（不包括人文、社会科学）新知识，创造性运用科学技术新知识，或实质性改进技术、产品（服务）而持续进行了研究开发活动，且近三个会计年度的研究开发费用总额占销售收入总额的比例符合如下要求：最近一年销售收入低于5000万元的企业，比例不低于6%；最近一年销售收入在5000万元至20000万元之间的企业，比例不低于4%；最近一年销售收入在20000万元以上的企业，比例不低于3%。

其中，企业在中国境内发生的研究开发费用总额占全部研究开发费用总额的比例不低于60%。企业注册成立时间不足三年的，按实际经营年限计算。

⑤高新技术产品（服务）收入占企业当年总收入的60%以上。

⑥企业研究开发组织管理水平、自主知识产权数量、销售与总资产成长性等指标符合要求。

我国现行的科技税收激励政策主要集中在所得税与增值税两个税种上，且以所得税优惠为主。

高新技术企业享受低税率优惠。国家需要重点扶持的高新技术企业，减按15%的税率征收企业所得税。2008年正式实施的新企业所得税法及其实施条例明确规定，国家重点扶持的高新技术企业须同时符合以下条件：拥有核心知识产权；产品（服务）属于《国家重点支持的高新技术领域》规定的范围；研究开发费用占销售收入的比例不低于规定比例；高新技术产品（服务）收入占企业总收入的比例不低于规定比例；科技人员占企业职工总数的比例不低于规定比例。该措施体现了国家对技术创新的激励导向，税法中突出自主核心知识产权的规定有利于企业重视核心竞争力的提高，并重视对高科技人才的引进，以及重视后续研发的持续投入，有利于整个高新技术产业的技术升级。

新企业所得税法及其实施条例明确规定，企业开发新技术、新产品、新工艺发生的研究开发费用，未形成无形资产计入当期损益的，在按照规定据实扣除的基础上，按照研究开发费用的50%加计扣除；形成无形资产的，按照无形资产成本的150%摊销。从新企业所得税法及其实施条例中可以看出国家对企业开展技术创新研发活动的支持力度，企业对新产品的投入越大，加计扣除就越多，企业得到的税收激励也就越多。政府通过税收激励的政策工具在某种程度上分担了企业研发的风险，可以有效地促使企业加大对技术创新的投入，激励企业开展技术创新活动。

另外，新企业所得税法明确规定，资金投向创业企业（从事国家需要重点扶持和鼓励的创业投资，主要包括中小高新技术企业），待所投资的企业发育成熟后，通过股权转让的方式获得资本增值，可以按投资额的一定比例抵扣应纳税所得额。该项税收激励措施更多地着眼于鼓励中小高新技术企业的发展，鼓励更多的创业投资企业加大对中小高新技术企业人力和物力的投入。税收优惠政策向中小高新技术企业的倾斜，无疑为中小高新技术企业技术创新能力的提升起到了造血的功效，为高新技术企业技术创新能力的提升提供了强大的物质保障。

除此之外，新企业所得税法及其实施条例明确规定，企业符合条件的技术转让所得，可以免征、减征企业所得税：在一个纳税年度内，居民企业技术转让所得不超过 500 万元的部分，免征企业所得税；超过 500 万元的部分，减半征收企业所得税。以上税收优惠政策必定会促使企业加快技术成果转让，推进研发活动的专门化和高新技术的产业化，有效地激励企业加大技术创新力度。

最后，新企业所得税法规定企业的固定资产由于技术进步、产品更新换代较快等需加速折旧的，可以缩短折旧年限或者采用加速折旧的方法。采用加速折旧的方法，从税收的角度看比直线法多增加当年的费用，即多抵减当期企业应纳税所得额。由于货币具有时间价值，相当于税务部门给企业让渡了一笔无息贷款，激励企业加快更新设备、提升技术水平。

值得一提的是，从 2009 年 1 月 1 日起实施所有地区、所有行业的增值税转型改革。新增值税条例允许增值税纳税人在维持增值税税率不变的情况下，抵扣新购进的设备、器具和工具所含的进项税额，未抵扣完的进项税额可以结转以后年度抵扣。我国的高新技术企业很大一部分是技术或资本密集型企业，增值税转型改革极大地刺激了企业投资的热情，激励企业更新设备、提升技术。增值税转型改革措施的出台，对资本有机构成高的高新技术企业来说，可谓雪中送炭，极大地促进了高新技术产业的升级和发展。

50. 投资生产制造企业如何进行税收筹划？

生产制造业是一个国家发展的基石，这类实体企业的发展往往伴随着巨大的原料成本、人力成本、财税成本、管理成本等。针对生产制造业，从高层架构到业务流程优化的税收筹划方案将企业增值税、企业所得税、员工个人所得税等税负压力大幅降低，提升企业的竞争力，促进实体企业的健康发展。

目前，实体企业的税负困难主要体现在以下几个方面。

（1）无法承受的高税费

五险一金、增值税、个人所得税、企业所得税、分红个人所得税、贷款利息、环评、认证等各种项目收费，让实体企业负担重重。

（2）各种成本要素不断攀升，销售价格不断下行

各项生产要素的价格都在上涨，人工成本、租金等也在上涨，唯一难上涨的是销售价格，在电商的冲击下，有的甚至还在下滑。

（3）贷款难，贷款利息高

银行较少借贷给民营企业，民营企业如果使用民间借贷，那么利息成本会更高。

（4）人才流失

国有企业、金融投资等行业可轻易开出高薪水或高福利，传统实体企业显然无力与之竞争。

那么，投资生产制造企业，如何进行税收筹划，迈开脚步，较快发展呢？

针对不同的工作职能，重新调整公司架构。

调整公司架构具有如下优势：

①内部创新，友好竞争。原来这些机构都是公司的职能部门，在公司的统一领导下开展工作，通过KPI进行考核。

②合理消化公司利润。把工资、薪金通过市场化运作转化为业务成本，有效地解决了公司的利润问题，降低了企业所得税支出。

③合理解决个人所得税。把员工工资收入转为经营所得，解决了高收入员工的个人所得税问题，对留住核心层员工有极大的帮助。

④社保问题。工资与经营所得拆分，社保该交的不少交，不该交的不多交。

51. 投资商贸型企业如何进行税收筹划？

商贸公司的税负压力比其他行业的税负压力要高，因为商贸行业的增值税税率是13%，而通常又不能获得足够的进项抵扣，所以增值税非常高昂。除此之外，对企业和股东来说，企业所得税税率为25%，股东股息税税率为20%，公司的实际利润大打折扣。

商贸公司的税负压力主要是由以下因素造成的。

①各种税负常年居高不下，国家对商贸行业的税收扶持也不多。

②供应商较为分散，时常无法取得足够的进项发票，没有足够的增值税进项抵扣。

③商贸行业利润高，同时员工工资也高，代表公司承担的社会保障成本高、员工税费高、税费负担重。

针对上述问题，如何筹划解决呢？

对于商贸这个行业，虽然国家没有长期的专项扶持政策，但在各个地方省份出台了多样的税收优惠政策，对于商贸企业来说非常友好，除了商贸行业，建筑、现代服务、设备、科技软件等各行业也都可以运用。这些政策也是经国家发展和改革委员会批准，地方政府审核通过，再由地方财政局、招商局共同推广的。

（1）有限公司返税政策

对于商贸行业来说，不仅增值税高，企业所得税也高，而通过地方返税政策，通过注册式入驻地方税收优惠园区设立商贸类有限公司，可以成为原公司的分支机构，也可以成为新的有限公司，去承接主体公司的部分业务，照常经营、正常纳税，享受当地的税收返还。增值税和企业所得税地方留存比例分别为50%和40%，而返还奖励到企业的金额为地方留存部分的70%~90%。简单来说，比如纳税100万元，就可以获得35万~40万元的税收返还奖励。这为企业解决了缺进项、增值税高的难题。

（2）个人独资企业核定征收政策

商贸公司属于贸易行业，有贸易就会存在市场推广、营销策划、广告设计等宣传服务类业务，公司可以将这部分业务分流给个人独资企业，然后享受核定征收节税，从而降低企业税负。比如，主体商贸公司老板在园区内成立一家个人独资企业，然后将公司 300 万元的业务分包给个人独资企业，通过个人独资企业承接业务纳税后，享受核定纳税，完税后账户里的资金可自由支配提取。这为企业解决了成本高、企业所得税高、股东分红个人所得税高的难题。

总之，通过地方政策来解决企业税负问题，企业自身需要做到的是业务真实、"三流一致"（货物流、资金流、发票流一致），方可保证税收筹划合理、合规。

52. 如何实施投资方向的税收筹划？

税收作为最重要的经济杠杆，体现着国家的经济政策和税收政策。我国现行税制对投资方向不同的纳税人制定了不同的税收政策。因此，在设立公司时，要充分利用这些优惠政策，进行税收筹划。

①利用国家对农业产品产前、产中、产后服务行业的税收优惠政策。

国家规定：乡、村的农技推广站、植保站、水管站、林业站、畜牧兽医站、水产站、种子站、农机站、气象站，以及农民专业技术协会、专业合作社，对其提供的技术服务或劳务所取得的收入，以及城镇其他各类事业单位开展技术服务或劳务所取得的收入，暂免征收所得税。

②利用国家对科研单位和大专院校从事技术性服务的税收优惠政策。国家规定：对科研单位和大专院校服务于各业的技术成果转让、技术培训、技术咨询、技术服务、技术承包所取得的技术性服务收入，暂免征收所得税。

③利用国家对兴办第三产业的税收优惠政策。为了支持和鼓励发展第三产业（包括全民所有制工业企业转换经营机制举办的第三产业企业），可按产业政策在一定期限内减免所得税。具体规定如下。

对新办的独立核算的从事咨询业（包括科技、法律、会计、审计、税务等咨询业）、信息业、技术服务业的企业或经营单位，自开业之日起，第一年至第二年免征所得税。

对新办的独立核算的从事公用事业、商业、物资业、饮食业、教育文化事业、卫生事业的企业或经营单位，自开业之日起，报主管税务机关批准，可减免所得税一年。

④利用国家对高等学校和中小学校兴办工厂的税收优惠政策。国家规定：高等学校和中小学校兴办工厂、农场自身从事生产经营的所得，暂免缴纳所得税；高等学校和中小学校举办各类进修班、培训班的所得，暂免缴纳所得税。高等学校和中小学校享受税收优惠的校办企业，必须是学校出资自办的、由学校负责经营管理、经营收入归学校所有的企业。

下列企业不得享受校办企业的税收优惠：将原有的纳税企业转为校办企业；学校在原校办企业的基础上吸收外单位投资举办联营企业；学校向外单位投资举办联营企业；学校与其他企业、单位和个人联合创办企业；学校将校办企业转租给外单位经营的企业；学校将校办企业承包给个人经营的企业。

⑤利用国家对民政部门举办的福利生产企业的税收优惠政策。国家对民政部门举办的福利工厂和街道举办的非中途转办的社会福利生产单位：凡安置"四残"（盲、聋、哑和肢体残疾）人员占生产人员总数35%以上的，暂免缴纳所得税；凡安置"四残"人员占生产人员总数的比例超过10%未达到35%的，减半缴纳所得税。

⑥利用国家对新办的劳动就业服务企业的税收优惠政策。国家规定：当年安置城镇待业人员超过企业从业人数60%的新办城镇劳动就业服务企业，经主管税务机关批准，可免交所得税三年；免税期满后，当年新安置待业人员占企业原从业人员总数30%以上的，经主管税务机关审核批准，可减半缴纳所得税两年。这样，组织待业人员创办劳动就业服务企业，就可以达到减轻企业所得税税负和促进社会稳定的目的。

⑦利用国家对特殊性行业的税收优惠政策。有些服务性行业是人民生活所必需的，政府必须扶植其发展，以体现税收杠杆调节经济的功能。因此，国家规定对下列行业免征营业税和所得税：托儿所、幼儿园、养老院、残疾人福利机构提供的育养服务、婚姻服务、殡葬服务；医院、诊所和其他医疗机构提供的医疗服务；纪念馆、博物馆、文化馆、美术馆、展览馆、书画院、图书馆、文物保护单位举办文化活动的门票收入，宗教场所举

办文化、宗教活动的门票收入。投资于上述行业，就可达到节税的目的。

⑧利用国家对乡镇企业的税收优惠政策。我国税法规定，乡镇企业可按应交所得税额减征 10%，用于补助社会性开支的费用。这样，投资创办乡镇企业就可以达到减轻企业税负和发展农村经济的目的。

⑨利用"三废"产品的税收优惠政策。企业利用废水、废气、废渣等废弃物为主要原料进行生产的，可在五年内减交或免交所得税。具体规定如下：企业在原设计规定的产品以外，综合利用本企业生产过程中产生的在《资源综合利用目录》内的资源为主要原料生产产品的所得，自生产经营之日起，免交所得税五年；企业利用本企业外的大宗煤矸石、炉渣、粉煤灰为主要原料生产建材产品的所得，自生产经营之日起，免交所得税五年；为综合利用其他企业废弃的在《资源综合利用目录》内的资源而兴办的企业，经主管税务机关批准后，可减交或免交所得税一年。因此，通过税收筹划，设立这类企业，既可节约企业税金支出，又可减少污染、净化环境。

53. 如何实施对内投资的税收筹划？

所谓对内投资纳税管理，主要指对企业长期经营资产投资的税收筹划。虽然长期经营性投资会涉及流转税和所得税，但对内的固定资产投资由企业战略和生产经营的需要决定，且税法对固定资产的涉税事项处理均有详细的规定。

在无形资产投资中，为了鼓励自主研发和创新，我国企业所得税法规定：企业为开发新技术、新产品、新工艺发生的研究开发费用，未形成无形资产的计入当期损益，在按照规定据实扣除的基础上，再按照研究开发费用的50%加计扣除；形成无形资产的，按照无形资产成本的150%摊销。因此，企业在具备相应的技术实力时，应该进行自主研发，从而享受加计扣除优惠。

证券投资等间接的投资，不同种类的证券收益应纳所得税不同，在进行投资决策时，应该考虑其税后收益。例如，我国税法规定，我国国债利息收入免交企业所得税。当可供选择债券的回报率较低时，应该先将其税后收益与国债的收益相比，再做决策。因此，纳税人应该密切关注税收法规，及时利用税法在投资方面的优惠政策进行税收筹划。

54. 如何实施对外投资的税收筹划？

随着经济的不断发展和加入世界贸易组织，我国对外经济活动日益扩大，不仅各种类型的外商投资企业在我国纷纷建立，国内企业也开始走出国门，积极从事国际贸易和国际投资，参与国际竞争。在跨国投资经营中，税收筹划显得十分必要和迫切。

对外投资的税收筹划主要指国际税收筹划，其产生的根源在于每个纳税义务人都有着减轻自身纳税义务、实现自身利益最大化的强烈愿望，而不同国家间的税收差别则为国际税收筹划提供了可能。跨国投资者对国家间的税收差异和不同规定的发现和利用，不仅维护了自身的既得利益，而且为消除和减轻跨国纳税义务找到了强有力的制度及法律保证。由于不同国家在税收管辖权、税收构成要素、经济源和税源等方面的税收和法律制度的差异，国际税收筹划有着更为广阔的空间。

目前，对外投资的税收筹划已成为跨国公司财务管理中不可或缺的组成部分。世界著名的大公司大多专门聘用税务专家进行税收筹划，为公司增加了可观的收入。

对外投资的税收筹划方法有很多种，借鉴诸多跨国公司税收筹划的成功经验和案例，我国对外投资的税收筹划可采用以下方法：利用各国和地区税收管辖权的差异进行税收筹划、利用企业组织形式的选择进行税收筹划以及利用各国和地区的税收优惠政策进行税收筹划等。

55．如何利用注册地进行税收筹划？

在对外投资税收筹划中，利用注册地进行税收筹划可以有效节税。

1. 海外注册地

国际上有些地方的税率较低,并为投资者提供了少纳税的优惠条件。这些国家和地区出于一定的经济目的,有意识地采用远低于国际一般税负水平的税收制度,而且常常在放弃双边对等原则的条件下单方面给予税收上的特殊优惠。

海外注册地通常可分为以下三种类型。

(1)不开征所得税和财产税的国家和地区,如巴哈马群岛、百慕大、开曼群岛等国家和地区。

(2)实行较低的所得税和一般财产税税率,同时实行涉外税收优惠并拥有发达税收协定网络的国家和地区,如瑞士、荷兰、列支敦士登、巴林、以色列、马来西亚、新加坡、巴拿马、中国澳门等国家和地区。

(3)行使收入来源地管辖权、对外国来源所得免税的国家和地区,如中国香港、利比亚、哥斯达黎加等国家和地区。除了税负低外,这些国家和地区还具有政治局势稳定、交通便利、外汇自由和完善的保密制度等有利条件。

2. 海外注册地的税收筹划

在海外税率较低的地方建立基地公司或生产基地,可以相对减轻税负。跨国集团可采用内部转让定价法,向海外注册地公司提供商品、劳务或无形资产。

设立海外注册地主要以减轻税负为目的,因此对该地区劳动力资源及自然资源等条件的要求不高,只要税负低、资金汇入汇出自由、政治局势稳定即可。

在海外建立生产基地不仅要考虑税收环境，还要考虑其他相关因素，如拥有高度技能的劳动力、发达的市场基础设施（交通、通信、金融体系）、政治局势稳定等。以上列举的诸多海外注册地，如玻利维亚、加勒比海地区的一些岛国（巴哈马群岛、百慕大和开曼群岛），由于地域狭小，自然资源和劳动力供应不足，因而不适宜建立生产基地；而荷兰、瑞士、马来西亚、新加坡、中国香港等国家和地区则具备建立和发展生产型企业的条件。

3.海外注册地的有关条款对税收筹划的影响

某些发达国家，尤其是主要的资本输出国，都制定了专门的法规来抵制跨国公司海外注册的有关行为。尽管世界各国限制跨国公司的法规的具体内容可能不尽一致，但母公司管辖区都应对公司所得中通过无税管辖区子公司所获得的那部分所得征税。不管这笔所得是否进入母公司账目中，或者留存在基地公司，都应视作母公司的所得。但是，由于海外注册地通常具有严格的保密制度和自由的外汇市场机制，基地公司的利润及利润分配情况都很难为母公司管辖区税务当局所掌握。

4.转让定价条款对税收筹划的影响

跨国集团将利润转移至海外注册地的主要方法就是采用内部转让定价法。抵制转让定价的主要做法就是以毫无关联的买方或卖方在公开市场上形成的价格为基础，来取代不合理的转让定价，也就是众所周知的公平独立价格，偏离这个价格规定一个可允许幅度，如15%。此外，还可以采用成本加成和再销售价格法。如果纳税人使用不合理的内部转让价格，那么，除由税务部门计算调整并向跨国公司追缴税款外，还要处以罚款。我国税法也有这方面的规定。

56. 如何实施企业组织形式的税收筹划？

在对外投资的税收筹划中，利用企业组织形式的选择进行税收筹划也是一种有效的节税措施。

企业的组织形式可以在分公司和子公司之间进行选择。从法律上讲，子公司是一个独立的法人，而分公司则不是一个独立的法人。从税务的角度讲，不论是子公司，还是分公司，都应在其所在国缴纳所得税。但是，大多数国家对在该国注册登记的公司法人（子公司）与外国公司设在该国的常设机构（分公司）在税收上具有不同的规定。前者往往承担全面纳税义务，后者往往承担有限纳税义务。此外，在税率、优惠政策等方面也互有差异。这在设立公司时是必须筹划的问题。

①子公司具有东道国法人居民身份，因而可以享受东道国提供的包括免税期在内的各种税收优惠待遇；而分公司是作为母公司的组成部分派往国外的，不能享受同等优惠。

②子公司的亏损不能汇入母公司所在国企业；而分公司与总公司是同一法人企业，经营过程中发生的亏损便可并入总公司账上。海外投资

项目若前几年资本预算为亏损，则以分公司形式进行投资为佳。因为分公司的亏损可以直接抵免总公司的盈利，从而减少公司的总体税负。实际上，许多国际投资企业就是先以分公司的形式在海外经营，待实现盈利后再转为子公司。

③设立子公司可以享受延期纳税的优惠。许多国家，包括我国在内，规定国际企业的海外子公司在没有汇回股利之前，母公司可不必为这笔利润缴纳所得税。而分公司与总公司是同一法人企业，利润应并入总公司所得计缴或补缴所得税，不享受递延纳税的好处。

④除了企业所得税外，许多国家规定外国子公司应就税后利润汇回母公司的部分再征收预提所得税；而对外国公司的分支机构的税后利润则征收"分支机构税"，此税相当于对其分配股息所征的所得税。多数国家在征收分支机构税时，是就分支机构全部税后利润征收的，即使事实上并无汇出利润也要征收此税，即不考虑这笔利润是否汇往总公司作为股息；也有些国家只就分支机构未再投资于固定资产的利润征税；还有些国家只就利润的汇出部分征税，也称为"汇出税"。因此，跨国投资者还应在子公司预提所得税和分支机构税之间进行比较和权衡，选择有利的企业组织形式。

57. 如何实施涉及税收管辖权的税收筹划？

税收管辖权指一个国家行使其征税权力的范围。税收管辖权有两种：一种是公民管辖权或居民管辖权，又称属人主义原则，对本国居民来源于全球范围内的各种应税收入征税；另一种是收入来源管辖权或地域管辖权，又称属地主义原则，仅就来源于本国境内的各种应税收入征税。世界上仅有少数国家行使收入来源管辖权而完全放弃行使居民管辖权，绝大多数国家都在同时行使这两种管辖权。

1. 居民管辖权对纳税的影响

世界上绝大多数国家都行使居民管辖权，但对公司居民地位的判定标准却不同，主要有三种情况：一是以公司管理和控制机构所在地为标准，采用这一标准的国家和地区有爱尔兰、新加坡、根西岛、泽西岛等；二是以公司登记注册地为标准，如美国和日本等；三是既可以公司管理和控制机构所在地为标准，也可以公司登记注册地为标准，这一标准为大部分国家所采用。我国目前采用公司登记注册地和管理控制机构所在地双重标准，对居民纳税人的界定比较窄。

各国确定居民身份的标准不一致，可能会给跨国投资企业带来税收方面的不利影响。例如，一家受控公司注册于低税收国家，但其管理和控制机构却位于高税收国家，按高税收国家居民纳税人的认定标准，可能成为高税收国家的居民公司，公司的总所得最终都要按高税收国家的税率纳税。在实践中，某些股东不参与管理活动，其股份与影响管理的权力分开；也可以选用非居民担任实际管理人员；同时不在某些国家召开股东会议或管理决策会议，而在这些国家之外召开这些会议，并做出各种会议报告等。

2. 不在税率较高的国家设立常设机构

常设机构是指企业进行全部或部分营业的固定场所，包括管理场所、分支机构、办事处、工厂、作业场所等。目前，绝大多数国家利用"常设机构"的概念作为对非居民纳税人行使税收来源管辖权的依据。对于跨国投资者而言，不设立常设机构，就没有那么高的税负。跨国投资者可以寻求一些不在常设机构之列的经营形式，进行一些替代性的活动，缩短生产周期，集中力量在其政府规定的免税期内实现公司的经营。

58. 如何利用各国税收优惠政策进行税收筹划？

在对外投资时，除了税源、税种、税率和税收管辖权等方面的差异外，各国在实行税收优惠政策方面也存在很大差别。利用各国的税收优惠政策进行税收筹划也是一种有效的节税方式。税收优惠涉及面很广，很难全面把握，这里仅就主要方面进行讨论。

（1）投资项目和区域优惠

一般说来，发达国家税收优惠的重点放在高新技术的开发、能源的节约、环境的保护上，而发展中国家一般不如发达国家那么集中，税收鼓励的范围相对广泛得多。为了引进外资和先进技术，发展中国家往往对某一地区或某些行业给予普遍优惠，税收优惠政策相对要多一些。

（2）再投资优惠

有些国家，特别是发展中国家，为了更多地吸引资金、留住资金，对外资企业以取得的利润进行再投资给予再投资退税等优惠待遇。有意在某一地区继续发展、扩大规模的企业可充分利用这一税收优惠。

（3）扣除项目的优惠

某些经济发达国家对外商投资企业的固定资产折旧规定可以采用加速折旧和缩短折旧年限的税收优惠政策，如美国税法规定固定资产折旧可以采用加速折旧法，期限为 3 年、5 年、7 年的公司财产，采用 20%（双倍）的余额递减折旧法；折旧期限为 15 年和 20 年的公司财产，采用 15% 的余额递减折旧法。有些国家的税法还允许计提某些准备金，包括重置准备金。

（4）亏损减免优惠

大多数国家都规定了亏损减免税的税收优惠，但减免期限不同。荷兰是税率较低且税收优惠政策较多的国家之一。该国税法规定公司任何年度的亏损都可以从未来 8 年内所得中扣除，且公司存在前 6 年中的"经营亏损"可在未来不受限制的年度中的所得中扣除。

（5）资本利得减免优惠

一些发达国家为了鼓励资本流动、活跃资本市场，对资本利得采用较轻或免税政策。在这些国家投资的跨国纳税人如能及时调整财务政策，尽量将流动的收益转化为资本收益，那么减税的数额也相当可观。

此外，还有诸如投资抵免、减免税期等税收优惠条件。

59. 各国税务合作对税收筹划有哪些影响？

各国间不断加强各种形式的税务合作，以打击跨国逃避税收行为，并抵制国际税收筹划。情报交换是各国税务合作的主要形式。

税务情报大致包括三个方面的内容。

①日常的信息交换，其中包括股息、利息、特许权使用费、财产租赁收入等跨国支付。这方面的资料交换为税务主管当局提供了纳税人海外交易的可靠数据，有助于税务申报表的审核。

②跨国纳税人的基本情况，包括企业结构、经营方式、财务活动情况等。

③跨国纳税人违反税收协定及缔约国税收法规的情报。

各国间的税务合作和情报交换使跨国投资者进行税收筹划面临的阻力越来越大。针对这种情况，跨国投资者应坚持税收筹划的合法性和超前性原则，以确保在取得税收利益的同时最大限度地降低纳税风险。

60．如何实施股权投资的税收筹划？

近年来，随着我国社会经济的飞速发展，各个企业的发展水平都有了一定程度的提升，但是因为产品资源增长效率较低，使得它们之间的竞争逐渐加剧。大多数企业为了落实业务规模的扩大以及运营效益的平稳提升等标准，通常采用合作的方式，构建优势互补的战略机制。股权投资自身具备投资小、可以实现运营风险的分担、可以形成发展合力等特性，成为当前企业主要采用的运营模式，具体可以划分成三种形式：第一种是资产合作；第二种是资金合作；第三种是运营权合作。其中，资产合作主要指企业将自身产品当作资本开展的合作。由于受到资金匮乏以及企业竞争激烈的影响，采用资产折股投入形式来获得更多的资金成为企业的首选形式。

所谓股权投资，主要是指持有一年以上企业股份或者长时间投资于一家企业，以期实现对被投资企业的管控，或者对被投资企业进行影响，或者和被投资企业构建良好的合作关系，以收到分散运营风险的效果。

假设被投资企业生产的产品为投资企业生产所需的原材料，在市场原材料价格波动幅度比较大，并且无法保障供给的情况下，投资企业可以采用所持股份的方式来实现对被投资企业的合理管控，使其生产所需的原材料可以直接从被投资企业中获取，并且价格也相对比较平稳，可以确保其生产经营的稳定开展。

在通常情况下，企业在落实投资活动时，选用的投资方向主要有四种：第一种是货币资金投资；第二种是实物资金投资；第三种是无形资产投资；第四种是股权债权投资。对于股权投资来说，如果直接开展投资工作，则不宜进行税收筹划。因此，企业在选择投资形式时，应该结合自身的真实状况，选择效益比较高的投资形式。

（1）转变投资方向的税收筹划

因为各个国家制定的税收政策存在一定的差异，所以可以针对国家扶持或者鼓励的投资方向进行税收筹划。假设企业在进行设备采购时，采购的设备包含在执行目录设备的范畴中，这时其中有10%的税收能够在应纳税额中进行抵扣。因此，企业只需要对国家制定的有关税收政策进行仔细探究，就可以找到减轻税负压力的投资方向。

（2）加大统计原股权

原股权投资应该秉持清算股利的准则，并且清算股利通常指投资企业获取的被投资单位累计分派的利润。在进行投资时，可以将清算性股利包含在资本回收的范畴中，而不是包含在非投资报酬的范畴中。假设严格遵守投资准则来开展投资工作，在进行投资成本计算时，应该在原始投资成本核算下对长期股权投资成本进行收集和研究。

（3）实现股权整合

企业可以运用股权整合的方式，对企业股权进行重新组合，确保股权比例超过95%；待重组结束之后，再开展股权转让工作，把股权转让当作股息获取，从而达到企业免交部分税费的目的。

总而言之，企业实施股权投资的税收筹划工作，可以有效减轻企业的纳税压力。

第九章

企业采购的税收筹划

61. 如何实施不可抵扣项目的税收筹划？

不可抵扣项目的税收筹划内容包括以下方面。

①购进固定资产。

②用于非应税项目的购进货物或者应税劳务（不包括自产、委托加工）。

③用于免税项目的购进货物或者应税劳务。

④用于集体福利或者个人消费的购进货物或者应税劳务（不包括自产、委托加工）。

⑤非正常损失的购进货物。

⑥非正常损失的在产品、产成品所耗用的购进货物或者应税劳务。

⑦其他（不合格票据、邮寄费、定额运输发票）。

不可抵扣项目的税收筹划方法如下。

①购进货物时即能认定其进项税额不能抵扣的，其增值税专用发票上注明的增值税额直接计入购入货物及接受劳务的成本，而不必"先抵扣，后作进项税额转出"。

②购进货物时不能直接认定其进项税额能否抵扣的，可根据扣税

凭证先抵扣，待发生不可抵扣项目时，再作进项税额转出，即"先抵、后转"。

62. 如何实施可抵扣项目的税收筹划？

《中华人民共和国增值税暂行条例》第八条规定，纳税人购进货物或者接受应税劳务（以下简称购进货物或者应税劳务），所支付或者负担的增值税额为进项税额。

下列进项税额准予从销项税额中抵扣。

①从销售方取得的增值税专用发票上注明的增值税额。

②从海关取得的海关进口增值税专用缴款书上注明的增值税额。

③购进农产品，除了取得增值税专用发票或者海关进口增值税专用缴款书外，按照农产品收购发票或者销售发票上注明的农产品买价和13%的扣除率计算的进项税额。进项税额计算公式：进项税额 = 买价 × 扣除率。

④购进或者销售货物以及在生产经营过程中支付运输费用的，按照运输费用结算单据上注明的运输费用金额和7%的扣除率计算的进项税额。进项税额计算公式：增值税可以抵扣的项目进项税额 = 运输费用金额 × 扣除率。

⑤生产企业一般纳税人购入废旧物资回收经营单位的废旧物资，可按照普通发票上注明的金额，按 10% 计算抵扣进项税额。

⑥购进固定资产进项税。

63. 如何实施有关生产经营环节的税收筹划？

（1）供货方的选择

在采购过程中，往往会面对不同的纳税人供货，而税法对于不同的纳税人有着不同的纳税规定。税法对小规模纳税人实行简易征收办法，工业企业增值税税率为 6%，商业企业增值税税率为 4%。

但小规模纳税人一般不使用增值税专用发票，并且其购进货物的进项税额不得从销项税额中扣除。一般纳税人从小规模纳税人处认购的货物，由于小规模纳税人不能开具增值税专用发票，因此也不能够抵扣（由税务机关代开的除外）。

由以上规定可知，税收是进货的重要成本，从不同纳税人手中购得货物，纳税人所承担的税收是不一样的。因此，企业可在签订合同时，要求在价格中确定各具体的款项都包含什么内容，以及税款的缴纳如何处理。如从小规模纳税人处购进货物，其价格应低于从一般纳税人处购进货物的价格。

(2) 购货运费的税收筹划

对一般纳税人而言，我国税法规定，购进货物的运费按7%抵扣增值税，而货款是按17%抵扣进项税额的，它们之间有一定的差距。因此，一般纳税人可以建立自己的运输企业，通过关联企业之间的交易关系，压低货物的运费，提高货物的购进价格，这样既可以提高购进货物的进项税额，也可以使运输企业少交营业税额，一举两得。

(3) 采购方式的选择

各国为了促进企业投资、加速经济发展，对企业购进机器设备规定了一系列的税收优惠政策，这对于企业生产经营大有裨益。如我国税法规定，对于企业购置国产设备进行技术改造的投资，可以在一定的限额内抵扣所得税款。企业根据该政策选择适当的时机进行投资，不仅可以改进企业的生产经营能力，而且可以获得税收上的诸多好处。

另外，我国从2004年开始在东北老工业基地对石油、汽车制造等八大行业率先实行增值税转型，从以往的生产型增值税转为实行消费型增值税，从而减轻以往对企业设备投资双重征税的压力，促进对老工业基地的投资。

从外国购进设备还涉及关税问题。对企业设备购进方式的筹划可以在一定程度上减少税款的缴纳。例如，各国为了促进本国加工业的发展，对进口零部件和整件设备的关税规定了不一样的税率。一般来说，进口整件设备的关税是进口零部件的关税的一倍左右。企业为了节省关税，可以考虑购进零部件自己组装。

64. 如何实施合同签订中的税收筹划?

（1）通过合同条款尽早取得发票进行增值税抵扣

通常，采购合同中会出现如下条款：全部款项付完后，由供货方开具发票。

但在实际生活中，由于质量、标准等方面的原因，采购方往往不会付完全款，而这根据合同将无法取得发票，不能进行抵扣，从而影响税负。企业经税收筹划，将合同条款定为根据实际支付金额，由供货方开具发票，就可以及时取得发票进行抵扣。

（2）利用合同降低印花税税负

根据我国税法的规定，对已履行并贴花的合同，当所载金额与合同履行金额不一致时，只要双方未修改合同金额，一般不再办理完税手续，这也为税收筹划提供了空间。在签订合同以后，如果双方由于业务的原因增加了交易的金额，只要不重新签订合同，就可以免交印花税。

对进行交易的企业双方来说，这样做有利于节税。如果双方进行了多次交易，彼此了解，值得信赖，则在签订合同时，可以减少签订的金额，从而达到减少印花税的目的。

有些合同在签订时无法确定计税金额，如技术转让合同中的转让收入，是按销售收入的一定比例收取或按实现利润分成的；财产租赁合同只规定了月租金标准却无租赁期限。对于这类合同，可在签订时先按定额 5 元贴花，以后结算时再按实际金额计税，补贴印花。虽然这样做不能减少总的印花税金额，但是可以延缓纳税的期限，获得资金的时间价值。

65. 如何实施非正常损失的税收筹划？

财税〔2016〕36 号文件第二十八条规定，非正常损失是指因管理不善造成货物被盗、丢失、霉烂变质，以及因违反法律法规造成货物或者不动产被依法没收、销毁、拆除的情形。

目前增值税法规规定只有两个原因即"管理不善"和"违反法律法规"形成的损失才有可能涉及增值税上的非正常损失。但并不是所有由于"管理不善"和"违反法律法规"形成的损失都是增值税上的非正常损失，只有货物和不动产（包括不动产在建工程）等有实物形态的资产符合条件的才有可能涉及增值税上的非正常损失，劳务和服务只能依附于有形资产。

因"管理不善"造成的货物损失，只有"被盗、丢失、霉烂变质"

这三种情形才符合增值税上的非正常损失，进项税额作转出处理，其他情形均不属于非正常损失。

因"违反法律法规"造成的货物或不动产损失，只有"被依法没收、销毁、拆除"这一情形才符合增值税上的非正常损失，进项税额作转出处理，其他情形均不属于非正常损失。

值得注意的是以下三点。

①建筑企业在建筑工地搭建的临时建筑完工后被拆除，不属于非正常损失，原已抵扣的进项税额不作进项税额转出。

②餐饮企业购进新鲜食材，还没用完就过期或变质了，这是由行业特点所造成的，不属于非正常损失，原已抵扣的进项税额不作进项税额转出。

③超市销售的食品过了保质期还没有卖掉就销毁了，不属于非正常损失，原已抵扣的进项税额不作进项税额转出。

另外，《财政部 国家税务总局关于支持新型冠状病毒感染的肺炎疫情防控有关税收政策的公告》（财政部 国家税务总局公告2020年第8号）规定，受疫情影响较大的困难行业企业2020年度发生的亏损，最长结转年限由5年延长至8年。

第十章

企业销售的税收筹划

66. 如何实施有关销售佣金的税收筹划？

为了提高公司的销售业绩，激励销售人员的工作积极性，企业通常会采纳销售业务提成和销售佣金两项销售激励制度。销售业务提成与销售佣金有严格的区别，关键要看销售人员是否同企业存在任职、雇佣关系。如果存在任职、雇佣关系，就是业务提成；如果不存在任职、雇佣关系，就是销售佣金。基于此分析，如果是销售业务提成，则企业支付给销售人员的业务提成应该视同工资、薪金所得，依法履行代扣代缴个人所得税的义务；如果是销售佣金，则企业支付给销售人员的销售佣金应该视同劳务报酬所得，依法履行代扣代缴个人所得税的义务。

有关销售佣金的企业所得税前扣除问题，《财政部 国家税务总局关于企业手续费及佣金支出税前扣除政策的通知》（财税〔2009〕29号）规定，企业发生的与生产经营有关的手续费及佣金支出，必须具备以下五个条件。

第一，不超过以下规定计算限额的部分，准予扣除；超过部分，不得扣除。

保险企业：财产保险企业按当年全部保费收入扣除退保金等后余额

的15%（含本数，下同）计算限额；人身保险企业按当年全部保费收入扣除退保金等后余额的10%计算限额。

其他企业：按与具有合法经营资格中介服务机构或个人（不含交易双方及其雇员、代理人和代表人等）所签订服务协议或合同确认的收入金额的5%计算限额。

第二，企业应与具有合法经营资格中介服务企业或个人签订代办协议或合同，并按国家有关规定支付手续费及佣金。除委托个人代理外，企业以现金等非转账方式支付的手续费及佣金不得在税前扣除。企业为发行权益性证券支付给有关证券承销机构的手续费及佣金不得在税前扣除。

第三，企业不得将手续费及佣金支出计入回扣、业务提成、返利、进场费等费用。

第四，企业支付的手续费及佣金不得直接冲减服务协议或合同金额，并如实入账。

第五，企业应当如实向当地主管税务机关提供当年手续费及佣金计算分配表和其他相关资料，并依法取得真实凭证。

在目前竞争日趋激烈的情况下，许多企业为了开拓销售市场，对销售人员实行固定报酬与按销售额的一定比例提成相捆绑的方法，即每年年终按销售人员销售额的一定比例一次性发放销售奖金，但销售人员须自行负担差旅费、业务招待费等成本费用。即企业对销售人员的奖金提成常常采取"包干制"，即对销售人员除每月定额发放工资外，再按照其销售金额的一定比例提取奖金，支付奖金后，不再另行报销销售人员的差旅费、业务招待费等与销售有关的费用。如此，企业也就达到了防止销售人员滥报费用、节约成本支出、鼓励多劳多得的目的。此种方法对于提高销售人员的工作积极性、降低公司成本十分有利，但是从税收角度来分析，就会发现这种方法不仅会增加销售人员个人所得税的税收负担，而且会使企业多缴纳企业所得税。

基于以上分析，为了减轻销售人员获得销售业绩的个人所得税负担，应按照以下技巧设计低税负的销售激励制度。

第一，设计低税负的销售业务提成制度。如果销售人员是企业的雇员，即销售人员与企业之间是雇佣和被雇佣的关系，则公司应对销售人员的差旅费进行剥离，实报实销，按照销售人员完成销售额的一定比例，报销业务招待费（必须把餐饮发票抬头开成公司名字）和手机通信费用，然后对剩下的销售业绩奖按照一次性年终奖的办法计算个人所得税。

第二，设计低税负的销售佣金制度。如果公司与销售人员之间没有雇佣和被雇佣的关系，则公司与销售人员应在合同中约定：按照销售额的一定比例在公司里实报实销销售人员的差旅费、业务招待费（必须把餐饮发票抬头开成公司名字）和手机通信费等费用，然后对剩下的销售业绩奖分次发放，按照劳务报酬代扣代缴个人所得税。

67. 什么是针对折扣销售的税收筹划？

折扣销售是指销售方为了达到促销的目的，在向购货方销售货物或提供应税劳务时，因为购货方信誉较好、购货数额较大等，而给予购货方一定的价格优惠的销售形式。根据我国税法规定，采取折扣销售方式，如果销售额和折扣额在同一张发票上体现，那么可以以销售额扣除折扣额的余额为计税金额；如果销售额和折扣额不在同一张发票上体现，那么无论在企业财务上如何处理，均不得将折扣额从销售额中扣除。在采取这种销售方式时，可能会减少厂家和商家的利润，但由于折扣销售可以节税，所以实际减少的利润比人们想象的要少。

折扣销售商品，使得同样销售量的销售额下降，但同时流转税也会相应地减少；随着销售收入的减少，所得税也相应地减少。因此，折扣销售一方面会产生减少利润的负面效应，另一方面又会产生促销和节税的正面效应。这也就是人们常说的薄利多销效应。但是，随着薄利多销效应的逐渐增强，会逐渐抵消降价销售和折扣销售的节税效应。

68. 什么是针对代销的税收筹划？

代销是指受托方按委托方的要求销售委托方的货物，并收取手续费的经营活动。仅就销售货物环节而言，它要征收增值税。但是受托方提供了劳务，就要取得一定的报酬，因而要收取一定的手续费，那么对受托方提供代销货物的劳务所取得的手续费就要征收营业税。

常见的代销方式有两种：一种是收取手续费，即受托方根据所代销的商品数量向委托方收取手续费，这对受托方来说是一种劳务收入；另一种是视同买断，即由委托方和受托方签订协议，委托方按协议价收取所代销的货款，实际售价可由双方在协议中明确规定，也可由受托方自定，实际售价与协议价之间的差额归受托方所有，这种销售仍是代销，委托方只是将商品交给受托方代销，并不是按协议价卖给受托方。

在最终售价一定的条件下，这两种方法合计缴纳的增值税是相同的；但在收取手续费的方式下，受托方要缴纳营业税。虽然第二种代销方式对双方的整体利益有些好处，但在实际运用过程中，也会受到一定的限制：一是采取这种方式的优越性只能在双方都是一般纳税人的前提下才能得到体现，如果一方为小规模纳税人，则受托方的进项税额不能抵扣，就不宜采取这种方式；二是节约的税额在双方之间如何分配可能会影响到该种方式的选择。

不同的代销方式对纳税的影响不同，在实际工作中，应当具体问题具体分析，只有选择适当的代销方式，才能降低税收成本。

69. 什么是针对销售折扣的税收筹划？

企业在实际销售产品或服务的过程中，为了达到促进销售、增加销售额的目的，可以采用销售折扣的方式来经营。在销售折扣这方面，企业拥有非常自由的选择权和主动权。

从税收筹划的角度来说，不同的销售折扣会取得不同的销售额，因此最终计算出的需要缴纳的增值税额也有差异。企业针对销售折扣进行税收筹划，对于降低企业的整体税负具有积极意义。

销售折扣，具体来说，是指销货方在销售货物或应税劳务后，为了鼓励购货方及早偿还货款，而协议许诺给予购货方的一种折扣优待，比如30天内付款，货款折扣2%；50天内付款，货款折扣1%；60天内全价付款。

此外，折扣销售也是一种非常常见的办法，即销货方在销售货物或应税劳务时，基于购货方购货数量较大或金额较大或出于争取长期合作等原因，会给予购货方一定的价格优惠或折扣优惠，比如购买 100 件，销售价格折扣 5%；购买 300 件，销售价格折扣 10% 等。

折扣销售的折扣与销售的实现是同时发生的，对此，我国税法明确规定，如果将折扣额另开发票，不论其在财务上如何处理，均不得从销售额中减除折扣额；如果销售额和折扣额在同一张发票上分别注明，则可按折扣后的余额作为销售额计算增值税。

需要注意的是，折扣销售仅限于货物价格的折扣，如果销售者将自产、委托加工和购买的货物用于实物折扣，则该实物款额不能从销售货物额中减除，且该实物应按增值税条例"视同销售货物"中的"赠送他人"计算征收增值税。

企业可以根据自己的实际情况，利用销售折扣和折扣销售在税法上的差异，选用适当的销售方式进行税收筹划，以实现企业经济效益的最大化。

以 A 公司为例，A 公司为一般纳税人，购买原材料可以取得增值税专用发票，A 公司与大客户 B 签订了销售金额为 100 万元的合同，约定付款期限为 30 天，如果 10 天内付款，可以享受 3% 的价格优惠。

由于 A 公司采用的是销售折扣的经营方式，不能从销售额中扣除折扣额，也就是说，应计提的增值税销项税额 =10 000 00÷（1+17%）×17%=145 299.1（元）。从税收筹划的角度来说，折扣销售的方式比销售折扣的方式更优，税负也更少。

A 公司可以通过对客户的评级或具体分析来选择是采用折扣销售还是销售折扣的方式。如果是信誉良好的老客户，货款回收基本不存在什么风险，那么采用折扣销售的方式更有利于降低税负；如果该客户属于新开发的客户，其信誉情况和实际经营状况都摸不清，那么采用销售折扣方式，督促对方早点付清货款方为上策。

在针对销售折扣进行税收筹划时，一定要站在全局的角度，如果为了节税一味地选择回款风险更大的销售方式，就得不偿失了。

70. 什么是针对销售折让的税收筹划？

销售折让，简单来说，就是企业在将产品销售出去后，基于出售商品质量、品质、规格、交货时间、运输损耗等各种各样的原因，在售价上给予购买方一定减让的行为。比如我们日常网购水果、蔬菜等生鲜，收到货品后发现有腐坏现象，反馈给商家后，商家退还售价一定比例现金的行为，对于商家来说，就是非常典型的销售折让行为。

一般来说，销售折让主要发生在销售后，往往是由于品种、质量、损耗、延期交货等给购买方带来了一定的不便，在这种情况下，购买方没有退货，销售方给予购买方的一种价格折让。

销售折让与销售折扣完全不同，体现在财税工作上也有非常明显的界限和差异。我们可以通过开具发票的情况来区分是销售折让还是销售折扣。比如，A向B出售1000元（不含税）的商品，开出的发票是 1000+13%×1000=1130（元），13%×1000=130（元）。B 对 A 售出的商品不满意，提出折让 10%，那么开出的红字发票就是折让发票，包括 100+13%×100=113（元），13%×100=13（元）。A 就少收 B 113 元，且 13 元是增值税款。

如果销售折让发生在确认销售收入之前，那么在确认销售收入时应直接按扣除销售折让后的金额确认；如果是已确认销售收入的售出商品发生了销售折让行为，且不属于资产负债表日后事项的，那么应在发生时冲减当期销售商品收入，如按规定允许扣减增值税税额的，还应冲减已确认的应交增值税销项税额。

增值税相关法规明确规定，在发生销售折让行为时，销售方应根据折让额冲减销项税额，购买方若为一般纳税人则根据折让额冲减进项税额。如销售方已经确认销售收入的商品发生销售折让的，还应根据企业所得税法规定，在发生时冲减当期销售商品收入。在发生销售折让行为时，销售方可以凭借购买方提供的《开具红字增值税专用发票通知单》开具红字专用发票，在防伪税控系统中以销项负数开具。

在企业的实际经营活动中，销售折让的情况不算多见，属于比较少数的销售情况，因此企业很容易忽视对这项工作的税收筹划。实际上，税收筹划最终节税目的的实现就是靠一件一件小事的合法、合规处理来实现的。尤其是对于大宗或大额的销售折让，销售方企业及时做好折让额的冲减销项税工作，就是在给企业省钱、节税。

71. 怎样利用买一赠一进行税收筹划？

买一赠一等买赠类活动是目前市面上非常常见的一种促销方式，尤其是在互联网经济发达的数字经济时代，绝大多数企业为了促进销售，都会推出买赠活动，既有买商品赠试用装、小样装，也有买一赠一、买三赠一、买五赠二、买大赠小等形形色色的买赠活动。

买赠活动的税收筹划主要会涉及三个税种：一是企业所得税；二是增值税；三是个人所得税。利用买赠活动来进行税收筹划，可以合法、合理地降低企业税负，切实达到节税的目的。

（1）企业所得税的处理

我国税法对于买一赠一这种销售方式的财务处理有非常明确的规定：企业以买一赠一等方式组合销售本企业商品的，不属于捐赠，应将总的销售金额按各项商品的公允价值的比例来分摊确认各项的销售收入。

"分摊确认各项的销售收入"，也就是说，销售的商品要确认收入，赠与的商品也要确认收入，只不过这种确认不会造成收入总额的增加，相当于一种折扣销售。

国税函〔2008〕875号文件明确了"买一赠一"销售模式中的"赠

与"行为也是销售行为，所取得的收入是"销售商品"与"赠与商品"的总和。

《中华人民共和国企业所得税法实施条例》第二十五条明确规定："企业发生非货币性资产交换，以及将货物、财产、劳务用于捐赠、偿债、赞助、集资、广告、样品、职工福利或者利润分配等用途的，应当视同销售货物、转让财产或者提供劳务，但国务院财政、税务主管部门另有规定的除外。"

（2）增值税的处理

《中华人民共和国增值税暂行条例实施细则》第四条第八项明确规定，单位或者个体工商户将自产、委托加工或者购进的货物无偿赠送其他单位或者个人，视同销售货物。

（3）个人所得税的处理

《财政部 国家税务总局关于企业促销展业赠送礼品有关个人所得税问题的通知》（财税〔2011〕50号）第一条规定，企业在销售商品（产品）和提供服务过程中向个人赠送礼品，属于下列情形之一的，不征收个人所得税：企业通过价格折扣、折让方式向个人销售商品（产品）和提供服务；企业在向个人销售商品（产品）和提供服务的同时给予赠品，如通信企业对个人购买手机赠话费、入网费，或者购话费赠手机等；企业对累积消费达到一定额度的个人按消费积分反馈礼品。企业对累积消费达到一定额度的顾客给予额外的抽奖机会，个人的获奖所得属于偶然所得，所以不在征收个人所得税的范围之内。

72. 委托代销时如何进行税收筹划？

委托代销，顾名思义，就是企业通过将自家商品或服务委托给代理商进行销售的一种方式。

我国税法上关于委托代销的规定主要包括四大要素：一是委托方与受托方必须签订代销协议；二是受托方不垫付资金；三是受托方按照委托方确定的价格销售，并向委托方收取代销手续费；四是销售代销货物视同销售。

这种销售方式的典型特点是，代理商只是受托方，商品或服务的所有权并没有发生转移，依然属于企业本身。也就是说，商品所有权的风险和报酬都在企业一方，只有在代理商将商品或服务售出后，与商品或服务的所有权相关的风险和报酬才会发生转移。采用这种销售方式，企业销售收入的实现要取得代理商提供的售出商品的代销清单。

《中华人民共和国增值税暂行条例实施细则》第三十八条第五款规定，委托其他纳税人代销货物，确认增值税纳税义务的时间为收到代销单位的代销清单或者收到全部或者部分货款的当天。未收到代销清单及货款的，为发出代销货物满180天的当天。

从以上规定中可以看出，委托代销货物确认增值税纳税义务的时间在不同情况下会有差异，总的来说，它的确认时间有三个：收到清单日；收到款项日；货物发出180日。企业可以通过提前进行税收筹划，来选择合适的确认时间，这样一来就可以合法、合理地实现缓交税款，从而为企业缓解现金流压力。当税款金额较大时，还可以借助时间差，相当于给企业带来了一笔可以短期使用的无息贷款。

委托代销在不同的情况下，涉及的税务处理也有差异，这就为企业进行委托代销的税收筹划提供了更加广阔的空间。

在委托代销的情况下，具体来说，涉税事务的处理主要有以下几个方面。

①若委托方不给予手续费且不加价销售，由于委托方企业视同销售，应缴纳增值税；受托方企业属于销售行为，应缴纳增值税。但由于收到受托方企业开具的专用发票可抵扣，实际不缴纳增值税；由于没有取得手续费，也不缴纳营业税。但在实际中这种现象是很少存在的。

②若给予手续费且不加价销售，由于受托方企业视同销售，缴纳增值税同上。另外就手续费征5%的营业税。注意在此时单独收取的手续费并不作为价外费用缴纳增值税。这是因为价外费用的收取对象是受托方的顾客（下家）而不是委托方（上家）；而手续费的收取对象是委托方而不是受托方的顾客。这是两者最主要的区别。

③在加价但不收取手续费的情况下，受托方就销售额全额计算销项税额，就从委托方取得的增值税专用发票抵扣进项税额，就加价部分缴纳实际负担的增值税。同时加价部分作为代销手续费缴纳营业税。

④在加价且给予手续费的情况下，受托方就销售额全额计算销项税

额同上。同时加价部分和从委托方取得的手续费作为代销手续费缴纳营业税。

73. 混合销售如何进行税收筹划？

《中华人民共和国增值税暂行条例实施细则》明确规定："一项销售行为如果既涉及货物又涉及非增值税应税劳务，为混合销售行为。"

上述规定为我们界定混合销售指明了方向。混合销售必须具备以下三个条件。

一是一项销售行为必须既涉及货物又涉及货物销售。比如分众传媒在电梯中设置电视屏为客户发布广告，虽然涉及货物电视屏，但由于电视屏并不是销售的货物，因而不属于混合销售。

二是必须是一项销售行为，如果是两项或者两项以上销售行为中既有货物又有货物销售，则不能定性为混合销售，而属于兼营销售。比如生产电视屏幕的厂家同时也为客户提供发布广告的服务，那么这种行为就不属于混合销售，而属于兼营销售。

三是只有涉及货物和营业税应税劳务才属于混合销售，只涉及货物或者只涉及营业税应税劳务是不能被界定为混合销售的。

以上三大要素，缺少任何一个都不能在税法上界定为混合销售行为，也就不能按照混合销售的税法规定来执行。

具体来说,关于混合销售行为的税法规定如下。

《中华人民共和国增值税暂行条例实施细则》第五条规定:"除本细则第六条的规定外,从事货物的生产、批发或者零售的企业、企业性单位和个体工商户的混合销售行为,视为销售货物,应当缴纳增值税;其他单位和个人的混合销售行为,视为销售非增值税应税劳务,不缴纳增值税。"

第六条规定:"纳税人的下列混合销售行为,应当分别核算货物的销售额和非增值税应税劳务的营业额,并根据其销售货物的销售额计算缴纳增值税,非增值税应税劳务的营业额不缴纳增值税;未分别核算的,由主管税务机关核定其货物的销售额:(一)销售自产货物并同时提供建筑业劳务的行为;(二)财政部、国家税务总局规定的其他情形。"

《中华人民共和国营业税暂行条例实施细则》第六条规定:"除本细则第七条的规定外,从事货物的生产、批发或者零售的企业、企业性单位和个体工商户的混合销售行为,视为销售货物,不缴纳营业税;其他单位和个人的混合销售行为,视为提供应税劳务,缴纳营业税。"

第七条规定:"纳税人的下列混合销售行为,应当分别核算应税劳务的营业额和货物的销售额,其应税劳务的营业额缴纳营业税,货物销售额不缴纳营业税;未分别核算的,由主管税务机关核定其应税劳务的营业额:(一)提供建筑业劳务的同时销售自产货物的行为;(二)财政部、国家税务总局规定的其他情形。"

总的来说,对于企业的混合销售,税法是按照"经营主业"的原则来确定征税的,企业可以通过对应税货物和应税劳务占比的调整来最终达到节税的目的。

74. 兼营销售如何进行税收筹划?

兼营销售与混合销售存在一定的相似性,在企业的实际经营活动中比较难以区分,要想做好兼营销售的税收筹划,就一定要弄清楚二者的区别。简单来说,混合销售是一项销售行为,业务是绑定在一起,难以拆分开的,所涉及的税种也是同时发生的;而兼营销售所涉及的业务则是没有必然相关性的,比如在电信类营业厅里既可以购买手机,也可以办理宽带,还可以交电话费、开通手机卡,这些业务之间就没有必然的相关性,属于兼营销售,可以分开进行核算。

在实际经营活动中,企业销售货物、加工修理修配劳务、服务、无形资产、不动产和进口货物如果不是发生在同一项销售行为中的,也都属于兼营行为。比如电器专卖店,除了销售电器产品外,还为顾客提供老旧电器的维修服务,就是非常典型的兼营行为。

在增值税征税范围内,只有货物与服务的组合才可能是混合销售,其他组合方式,比如销售货物与销售不动产就不属于混合销售,而属于兼营销售。

《中华人民共和国增值税暂行条例》第三条明确规定:"纳税人兼营不同税率的项目,应当分别核算不同税率项目的销售额;未分别核算销售额的,从高适用税率。"

《营业税改征增值税试点实施办法》(财税〔2016〕36号附件1)第三十九条明确规定:"纳税人兼营销售货物、劳务、服务、无形资产或者不动产,适用不同税率或者征收率的,应当分别核算适用不同税率或者征收率的销售额;未分别核算的,从高适用税率。"

以电信类营业厅为例,话费充值的税率为6%,销售手机的税率为17%,如果不分别核算,就会全部按照17%的税率缴纳税款。

企业如果兼营不同税率或征收率的项目,则应当积极主动地做好分别核算不同税率和征收率项目销售额的工作,否则一定会造成税负增加的后果。

第十一章

企业所得税的税收筹划

75. 纳税后可支配收入的税收筹划怎么做？

企业所得税的纳税人包括各类企业、社会团体、事业单位、民办非企业单位以及从事经营活动的其他组织。需要注意的是，合伙企业、个人独资企业不属于企业所得税纳税义务人，而需要缴纳个人所得税。企业所得税的税率有0%、15%、20%、25%几档。其中，国家重点扶持的高新技术企业的税率为15%，符合要求规定的小型微利企业以及非居民企业的税率为20%，居民企业的税率为25%。

企业所得税一直是企业老板非常重视的一个税种，也是企业申报纳税的主要税种。由于企业所得税的税率较高，因此不少企业老板常常会"抱怨"企业所得税太高，一年到头辛辛苦苦给税务部门打工，自己反倒没剩下多少。

企业利润在进行分配之前，必须先缴纳企业所得税。除高新技术企业、小型微利企业等可以享受一定的企业所得税优惠外，其他企业适用的企业所得税税率为25%，也就是说，企业1000万元的利润，需要缴纳企业所得税1000万元×25%=250万元。

对企业纳税后的可支配收入进行税收筹划，一方面可以大大减轻企业税负，有助于企业的长期稳定发展；另一方面，老板、股东等在提取企业利润时也可以少缴纳一部分税款，可谓一举两得。

那么，具体来说，对企业纳税后的可支配收入进行税收筹划，都有哪些思路和办法呢？

（1）通过投资来调节

企业除了创新、研发、扩张等投入外，固定资产方面也是企业投入较多的领域，一般来说，最常见的固定资产投入包括购买办公楼、车辆、生产设备等，建设厂房、仓库、员工宿舍等。在企业的收入情况较好，预期未来需要缴纳的企业所得税比较多的情况下，企业可以通过投入固定资产来扩大支出、减少盈利，从而减少企业所得税的税收负担。

一般而言，企业投资方向的常见类型主要有四种：原有生产经营内容保持不变、以维持或扩大现有生产或服务能力为目的的投资，原有生产经营内容保持不变、同时在本行业内增加新的生产经营内容的投资，以行业内彻底转产为目的进行的投资，以及以实现跨出原行业从事生产经营活动为目的进行的投资。

此外，企业还可以借助金融手段来进行投资，比如购买股票、基金、保险等金融类产品。

（2）通过应收账款和应付账款来调节

应收账款属于企业营业利润的一部分，与企业的现金利润也是息息相关的。应收账款收回后，即可转化为企业的现金利润。企业可以通过对应收账款的调节来达到降低或增加企业纳税后可支配收入的税收筹划目的。

应付账款，即企业因购买材料、商品或接受劳务等经营活动应支付的款项。企业从产生应付款项到实际付款中间一般会有账期，企业可以通过对应付账款账期的调节，来增加企业的支出、减少企业的利润，从而达到减轻企业所得税税负的目的。

76. 什么是收入筹划？

要想弄清楚什么是收入筹划，首先要对企业所得税的计算方法有所了解。企业所得税＝应纳税所得额 × 税率，而企业的应纳税所得额＝收入总额－不征税收入－免税收入－各项扣除－以前年度亏损。

《中华人民共和国企业所得税法》明确规定，企业以货币形式和非货币形式从各种来源取得的收入为收入总额，包括：销售货物收入；提供劳务收入；转让财产收入；股息、红利等权益性投资收益；利息收入；租金收入；特许权使用费收入；接受捐赠收入；其他收入。

从企业所得税的计算方法中不难看出，企业的收入总额与企业所得税有着非常密切的联系，当其他数值都固定不变时，企业的收入总额越低，需要缴纳的企业所得税就越少。所谓收入筹划，顾名思义，就是通过对企业收入总额的预先筹划来减轻企业税负、实现节税目的的方法和手段。

那么,企业的收入筹划具体有哪些方法呢?

(1)销售方式的筹划

企业在经营过程中,对于销售方式拥有非常大的自主选择权,而不同的销售方式所带来的回款节奏、回款多少也有差异。因此,企业可以通过对销售方式的筹划来调节销售额的大小或回款时间,从而有效降低企业当期销售额,减少应纳税额。一般来说,企业的销售方式有现款现货、折扣销售、销售折扣、账期销售、买赠促销、经销商代理销售、批发、零售、网红直播间带货销售、自营网店销售等。企业可以根据自身的实际情况,自主选择销售方式。

(2)结算方式的筹划

企业销售商品或提供劳务的结算方式也是不唯一的,而国家对不同结算方式所带来收入的确认时间标准也并不相同。比如,《中华人民共和国增值税法暂行条例》规定,企业采用现销方式,收到货款或取得索取货款的凭据的当天确认销售收入;企业采用托收承付或委托收款方式,发出货物并办妥托收手续的当天确认销售收入;企业采用赊销和分期收款方式销售货物,按合同约定的收款日期的当天确认销售收入。这就给企业通过结算方式筹划来节税提供了空间。企业可根据自己的产品销售策略和实际情况,来自由选择适当的销售收入确认方式,以期尽量推迟确认销售收入,延迟纳税义务的发生时间,这样一来就可以合理归属所得年度,最终达到减税或延缓纳税的目的。

(3)收入确认时点的筹划

企业在进行收入筹划时,尤其要特别注意临近年底所发生的销售业务收入确认时点的筹划，可根据企业的实际年度收入情况与预期纳税情况，来选择推迟确认或及时确认销售收入的时间，也可以给企业带来实际税务上的收益。

77. 什么是成本筹划？

成本是企业的重要财务支出，贯穿于企业经济活动全过程，是企业管理与决策的灵魂，同时也是影响企业所得税的关键因素。所谓成本筹划，就是通过对成本的筹划和调节，来最终实现节税、减税目的的方法和技术。

《中华人民共和国企业所得税法》明确规定，企业实际发生的与取得收入有关的、合理的支出，包括成本、费用、税金、损失和其他支出，准予在计算应纳税所得额时扣除。这就为企业进行成本筹划提供了明确、清楚、可靠的法律依据。

那么，具体来说，企业的成本筹划可以从哪些方面来开展呢？

（1）通过公益捐赠进行筹划

《中华人民共和国企业所得税法》第九条规定，企业发生的公益性捐赠支出，在年度利润总额12%以内的部分，准予在计算应纳税所得额时扣除；超过年度利润总额12%的部分，准予结转以后三年内在计算应纳税所得额时扣除。

作为经济中的重要主体，企业是整个社会的一个细胞，承担着一定的社会责任。在脱贫攻坚、全面建成小康社会、抗震救灾的过程中，不少企业纷纷主动承担社会责任，捐款捐物。积极参与捐赠活动，不仅可以为企业树立良好的公众形象和品牌形象，对于节税、减税也有积极意义。

（2）通过长期待摊费用进行筹划

《中华人民共和国企业所得税法》第十三条规定，在计算应纳税所得额时，企业发生的下列支出作为长期待摊费用，按照规定摊销的，准予扣除：已足额提取折旧的固定资产的改建支出；租入固定资产的改建支出；固定资产的大修理支出；其他应当作为长期待摊费用的支出。

尤其是重大固定资产的折旧，企业可以根据自己的实际情况来选择合适的方案进行分摊，从而达到节税的目的。

（3）通过企业盈利情况进行筹划

《中华人民共和国企业所得税法》第十八条规定，企业纳税年度发生的亏损，准予向以后年度结转，用以后年度的所得弥补，但结转年限最长不得超过五年。

增加固定投资、费用、支出等，可以使企业的利润无限趋近于零甚至出现亏损，通过对企业盈利情况的筹划，也可以达到节税的目的。

（4）通过无形资产摊销进行筹划

《中华人民共和国企业所得税法》第十二条规定，在计算应纳税所得额时，企业按照规定计算的无形资产摊销费用，准予扣除。需要注意的是，下列无形资产不得计算摊销费用扣除：自行开发的支出已在计算应纳税所得额时扣除的无形资产；自创商誉；与经营活动无关的无形资产；其他不得计算摊销费用扣除的无形资产。

78. 怎样做货物购销的筹划？

任何一家企业在正常经营过程中都少不了货物购销活动，合理安排货物或原材料的购销活动，不仅可以节约企业的采购成本和采购费用，而且能够给企业减轻税负，切实提高企业的市场竞争力。

（1）货物采购的筹划

一是采购产品或服务的形态，是一次性采购还是持续性采购。很显然，一次性采购的成本必然会高于持续性采购的成本，因此，当采购形态发生变化时，及时调整采购策略可以有效节约成本。即便是一次性采购也不可忽视成本管理，可以视一次性采购的金额多少来有针对性地节约成本。

二是年采购总额。在制定采购策略时，不要把眼光局限在当前所需上，而要考虑到企业的年采购需求量，这样就可以在与供应商谈判时占据较好的议价优势。

三是与供应商之间的关系。企业的采购行为与一般的买东西有所不同，必须重视与供应商之间战略关系的建立和维护。在现实经营当中，供应商与不同关系的客户会分享不同的成本价格，只有与供应商保持更密切的关系，比如结成联盟、建立长期合作关系等，才能够争取到更低的采购成本。

四是采购量所处的周期。企业的采购量往往是呈现周期性变化的，有导入期、成长期、成熟期、衰退期，从导入期一直到成熟期，采购量呈不断上升趋势。运用采购量所处的优势周期，也可以增加企业在采购时的议价优势。

直接从农民手里收购农产品，采购环节享有9%的计算抵扣，加工领用环节加计抵扣1%，如果是加工型企业则可抵扣10%。但如果从非农业生产者小规模企业采购，则企业无法享受增值税抵扣。可以通过农产品生产者的直接采购额，降低非生产者的采购额，来扩大扣除税额，从而达到降低企业税负的目的。

（2）购销方式的筹划

企业在购销活动中，可以自由选择多种购销方式。以采购为例，可以选择赊账的方式，关于付款的账期，则可以与合作伙伴灵活商定，也可以采用现款现货的方式，还可以采用以物易物等方式。不同的购销方式，对企业年度盈利情况的影响也不同，从而所需要缴纳的企业所得税也有差异。企业可以根据自己的实际情况，提前对购销方式进行合理的筹划。

增值税的销项税额与企业的销售额有关，企业可以通过压低销售价格的方式来尽可能减少销项税额。在企业的实际经营过程中，压低的这一部分价格可以通过与购买方协商，借助其他方式获得一部分补偿，如此一来购买方也能再少花钱，可谓一举两得。这种方式，只有在相互关联的企业之间才可以使用。

（3）购销合同的筹划

在企业的购销活动中，合同往来是再平常不过的事情，因此自然要按照规定缴纳印花税。印花税是对合同、凭证、收据、账簿及权利许可证等文件征收的税种。

合同双方都需要缴纳印花税，计税依据是合同上的金额。因此，企业要想在印花税上减轻税负，可以对购销合同进行筹划。可以在签订合同前，与未来签署合同的一方或多方进行商议，一同进行印花税的筹划，比如将各项费用及原材料等金额通过非违法的途径从合同所载金额中减除，从而压缩合同的表面金额，来实现降低印花税的目标。

合理订立合同金额在印花税的筹划中是非常常见的一种方法和思路。比如工厂承接某项加工业务，在签订合同时，就可以采取把加工原材料与加工费分拆开的方法，由客户方提供加工的原材料，双方只就加工费签订合同，如此一来，合同金额自然会大大小于原材料与加工费叠加的合同金额。

79. 怎样针对款项往来做筹划？

往来账，简单来说，就是企业与客户、供应商之间的业务往来，记录企业应付多少款、应收多少款的账目。

往来账直接关系到企业的利润，是影响企业所得税的重要因素。对企业的款项往来进行筹划，可以起到控制企业利润规模的作用，最终达到节税、减税的目的。

那么，对款项往来的筹划具体要怎么做呢？

（1）对应收账款的筹划

不良应收账款是绝大多数企业都会面临的一个难题，如今因资产变现困难形成的不能按期偿还的应收账款并不少，甚至不少企业因此而破产。企业对应收账款进行筹划，就一定要定期盘查不良应收账款情况，及时采取有力的催收措施，努力把不良应收账款控制到最低。

企业要建立控制不良应收账款的制度并保障制度的实施。一是建立信用评价制度，明确什么样的客户才可以达到赊销标准。二是建立完善的合同管理制度，对客户的赊销周期、付款方式、付款时间、违约责任等作出明确的规定并体现到合同中。三是建立应收账款的责任制度，也就是明确谁负责应收账款的跟踪和催收工作。四是建立合理的奖罚制度，对回款情况良好的员工进行奖励，对回款指标完成较差的员工进行惩处，以奖罚制度来督促员工积极地催收款项。五是建立应收账款分析制度，定期汇总到期未回款的项目，并分析原因，及时讨论对策，及时采取措施进行控制，以便把企业可能遭受的损失降到最低。

不良应收账款的产生往往并不是突然出现的，常常是在账款到期前就已经出现了蛛丝马迹。实施应收账款全程控制，就是要时刻关注应收账款的情况，当明确知道客户即将有一笔资金进账时，就要盯紧客户，及时提醒、催促对方支付款项，如此一来可以有效防止企业不良应收账款的产生，把不良应收账款扼杀在萌芽阶段。

（2）对应付账款的筹划

应付账款是企业支出中的重要组成部分。从企业经营的角度来看，企业的应付账款周期与企业的现金利润息息相关，每一笔支付的款项都需要从企业的现金利润中扣减。

应付账款周期可以用应付账款周转率和应付账款周转天数来表示。应付账款周转率可以反映企业应付账款的流动程度，计算公式为：应付账款周转率=（主营业务成本+期末存货成本－期初存货成本）/平均应付账款×100%。此外，"销售成本÷平均应付账款"也可以得到应付账款周转率。应付账款周转天数也叫平均付现期，计算公式为：应付账款周转天数=360/应付账款周转率。

企业可以通过分析应付账款周转率和应付账款周转天数，来评估企业的应付账款周期情况，倘若明显低于所在行业的平均水平，则可以对企业的应付账款周期进行相应调整。

总的来说，企业针对款项往来做税收筹划，要尽可能使应收账款周转率与应付账款周转率接近，如此一来，现金流入与现金流出才能相抵，既可以避免企业出现现金危机，又可以将企业所得税税负控制在较低水平。

80. 在劳务用工方面如何筹划？

2018年8月20日，国家税务总局、财政部、人社部、国家卫健委、国家医保局五部门在京联合召开专题会议，决定2018年12月10日前要完成社会保险费和第一批非税收入征管职责划转交接工作，自2019年1月1日起由税务部门统一征收各项社会保险费和先行划转的非税收入。

国家税务总局成立社会保险费司，由其负责基本养老保险费、失业保险费、工伤保险费、基本医疗保险费和生育保险费等社会保险费以及有关非税收入的征管职责划转、落实以及后续的征收管理各项工作。这意味着国家对社保的征管力度加大了，企业必须依法给员工缴纳社保，否则将会受到联合惩戒。

近些年，伴随着众多新职业、新型劳务用工形式的涌现，新业态下的就业形态正在蓬勃发展。企业在劳务用工方面进行筹划，对于降低用工成本、降低税负成本具有切实的现实意义。

（1）用工形式的筹划

不少企业的经营活动存在明显的"淡旺季"，旺季时需要大量的员工，淡季节时则只要少量员工就可以维持运转，在这种情况下，全部招聘长期正式员工，显然是不划算的。企业可以根据自身业务的季节或不同阶段的需求来对用工形式进行筹划，比如，确定一定比例的长期正式员工，一部分为临时性用工，一部分为兼职性用工，一部分为劳务派遣用工等。对用工形式的筹划不仅可以减少劳务支出，还可以节省不少员工社保费用。

（2）劳务报酬的筹划

对于正式员工来说，企业主要应做好其个人所得税的代扣代缴工作。目前个人所得税减除费用标准为5000元/月，并适用以下最新税率：

不超过36000元的部分，税率是3%；

超过36000元至144000元的部分，税率是10%；

超过144000元至300000元的部分，税率是20%；

超过300000元至420000元的部分，税率是25%；

超过420000元至660000元的部分，税率是30%；

超过660000元至960000元的部分，税率是35%；

超过960000元的部分，税率是45%。

2019年1月1日，个人所得税第二步改革实施，增加住房、教育、医疗、赡养老人等6项专项附加扣除，符合要求的员工可以通过增加专项附加扣除来享受更多的免税额。

灵活用工人员的收入则属于劳务报酬，需要扣缴增值税和个人所得税，企业有为灵活用工人员代缴个人所得税的义务。对于灵活用工人员的劳务报酬，企业也要做税收筹划。企业要尽可能地选择与个体工商户进行购买劳务合作，这样劳务费就变成了个人独资企业的收入。

81. 怎样针对费用做筹划?

费用,即企业在日常经营活动中发生的,会导致所有者权益减少的、与向所有者分配利润无关的经济利益总流出。简单来说,就是企业在日常经营活动中花费的钱,主营业务成本、其他业务成本和营业税金及附加等成本费用,企业经营期间的管理费用、营销费用和财务费用等都属于费用。

费用是企业的支出,在同等收入的情况下,需要支出的费用越少,企业的利润就会越高;需要支出的费用越多,企业的利润就会越少。

费用列支是企业应纳税所得额的一项递减因素。所谓"费用筹划",顾名思义,就是通过对企业的费用列支的处理,即在税法允许的范围内,应尽可能地列支当期费用,从而减少应缴纳的所得税,在法律允许的范围内合法递延纳税时间来获得税收利益的方法和技巧。

具体来说,企业所得税法允许税前扣除的费用主要有三类。

(1)允许据实全额扣除的项目

包括合理的工资、薪金支出,企业依照法律、行政法规有关规定提取的用于环境保护、生态恢复等方面的专项资金,向金融机构借款的利息支出等。

（2）有比例限制部分扣除的项目

包括公益性捐赠支出、业务招待费、广告业务宣传费、职工福利费、工会经费、职工教育经费等。企业要控制这些支出的规模和比例，使其保持在可扣除范围之内，否则将增加企业的税收负担。

（3）允许加计扣除的项目

包括企业的研究开发费用和企业安置残疾人员所支付的工资等。企业可以考虑适当增加该类支出的金额，以充分发挥其抵税的作用，减轻企业的税收负担。比如，企业可以通过委托加工的方式，扩大委托加工费，增加进项税额，从而达到减轻企业税收负担的目的。

总的来说，企业在针对费用做税收筹划时，要遵从三项原则：一是对于税法有比例限额的费用应尽量不要超过限额，限额以内的部分充分列支；二是超额的部分，税法不允许在税前扣除，要并入利润纳税；三是允许据实全部扣除的费用，一定要列足、列全、用够。

此外，还要特别注意无票支出，这直接关系到企业的涉税风险。无票支出，简单来说，就是钱花了，但没有拿到发票。比如，企业因产品质量出现问题，向客户支付了一笔赔偿金，客户收到赔偿金后不开具发票。在企业的实际经营过程中，无票支出的产生原因五花八门，比如小企业食堂每天在菜市场的采购、购买零散小金额的物品、员工去村镇出差住宿、办公室疏通下水道、新员工办理门禁等都难以取得正式发票。一般来说，越是小企业，无票支出的情况越普遍。

对于无票支出，一定要如实入账，不入账或者挂账往往会产生一定的税务风险。有些企业的财务人员会把无票支出直接入账成本费用，这种做法也是不可取的，也会存在较大的税务风险。

要想规避税务风险，就一定要如实入账，在汇算清缴时，根据实际情况进行纳税调整。需要特别注意的是，当发生无票支出后，企业千万不能因缺发票而去购买发票。无票支出在汇算清缴时没有发票，也没有主动调整的，被视为偷税，企业偷税一般只处不超过5万元的罚金。一旦企业购买发票，则会被定性为虚开发票，企业虚开发票基准刑为有期徒刑六个月；虚开的税款数额每增加3000元或实际被骗取的税款数额每增加1500元，刑期增加一个月。虚开增值税专用发票税款数额10万元或使国家税款被骗取5万元的，或有其他严重情节的，基准刑为有期徒刑三年；虚开的税款数额每增加6000元，刑期增加一个月。

82. 针对个人所得税如何做筹划？

个人所得税主要涉及两方面：一是企业发放员工工资需要代扣代缴员工的个人所得税；二是企业老板、股东等取得的分红、股息等收入也需要依法缴纳个人所得税。

企业本身不缴纳个人所得税，但企业员工工资、股东分红等都需要缴纳个人所得税。企业要做好代扣代缴工作，一旦出现代扣代缴不足额的情况，作为法定的扣缴义务人，企业是要承担相应责任的。

《中华人民共和国个人所得税法》规定，股东取得的利息、股息、红利所得也应该征收个人所得税，适用比例税率，税率为20%。也就是说，企业1000万元的利润，需要缴纳的个人所得税为（1000万 –250万）×20%=150万元。企业利润1000万元 – 企业所得税250万元 – 个人所得税150万元 =600万元，也就是最终拿到手的只有600万元。

这还是忽略了计提法定盈余公积金的因素。倘若还需要扣减计提法定盈余公积金，那么最后拿到手的还会少于600万元。

那么，针对个人所得税，怎样筹划才可以达到节税的目的呢？

通常可以通过间接持股的方式来节税。

（1）采用合伙企业形式

合伙企业没有企业所得税，只需在分红后缴纳个人所得税。比如，可以由多个自然人合伙成立一家有限公司（或合伙企业），让其成为公司股东（或合伙人），自然人间接持股。合伙企业对外投资分回的利息、股息、红利，不并入企业的收入，而是作为投资者个人取得利息、股息、红利所得，只需缴纳个人所得税即可。

（2）成立个人独资企业

可以通过直接成立一家个人独资企业的方式来享受核定征收。核定征收后就不必再缴纳企业所得税和分红税，只需要缴纳0.5%~2.19%的个人经营所得税即可。

（3）将企业设立在税收优惠地区

将企业设立在有财政返还或税收优惠的地区，也是降低企业分红个人所得税的有效方式。有些地区为了鼓励经济发展，有诸如返还增值税和企业所得税的相关政策，也就是说可以少交一定比例的增值税或企业所得税，税金变少了，自然能够分到手的钱就会变多。在税收优惠地区设立企业，不仅可以享受到更好的税收优惠政策，还能享受到投资退出的低税负。需要注意的是，在设立公司前，一定要做好功课，确定合理的股权结构，这样不仅可以为自然人股东分红的税收筹划预留空间，还可以有效避免因股权而导致的企业内部问题。

83. 如何通过税收筹划实现薪酬福利化？

我国《公司法》严格规定了企业利润分配的顺序，具体如下。

第一步，计算可供分配的利润。

企业财务人员首先要计算出可供分配的利润，可通过将本年净利润（或亏损）与年初未分配利润（或亏损）合并来计算得出结果。倘若计算结果显示可供分配的利润为负数（亏损），则不必进行利润分配；倘若计算结果显示可供分配的利润为正数（本年累计盈利），则需要对利润进行分配。

第二步，计提法定盈余公积金。

按照《公司法》规定，法定盈余公积金按照税后净利润的 10% 提取。倘若法定盈余公积金已达注册资本的 50%，则可不再提取。提取的法定盈余公积金有固定用途，只可用于转增资本金或弥补以前年度亏损。如果用于转增资本金，那么留存的法定盈余公积金不得低于注册资本的 25%。只有不存在年初累计亏损时，才能按本年税后利润计算应提取数。在提取法定盈余公积金和法定公益金之前，不得向投资者分配利润。

第三步，计提任意盈余公积金。

任意盈余公积金，即企业从净利润中提取的各种积累资金，比如专门用于企业职工福利设施支出的公益金就属于盈余公积金。按照《公司法》规定，法定公益金按税后利润的 5%~10% 提取。

第四步，向股东（投资者）支付股利（分配利润）。

不管是什么所有制形式和经营形式，都必须遵守上述分配顺序。需要注意的是，股份有限公司在分配顺序上存在一定的特殊性，需要先提取法定盈余公积金和法定公益金，然后按照支付优先股股利、提取任意盈余公积金、支付普通股股利的顺序进行利润分配。

《中华人民共和国企业所得税法》明确规定，企业每一纳税年度的收入总额，减除不征税收入、免税收入、各项扣除以及允许弥补的以前年度亏损后的余额，为应纳税所得额。

企业所得税的计算与利润分配息息相关，企业可以合理、合法地通过税收筹划的方法来实现薪酬福利化，从而降低企业与员工的税负。

在计算企业所得税时，最多可以扣除相当于计税总额 14% 的职工福利费，这部分费用支出是可以免税的。企业可以在这一范围内，采用非货币化支付的方式最大限度地保障职工福利，这样不仅可以使企业节省企业所得税，领取工资、福利的职工也可以节省个人所得税，可谓一举两得。

具体来说，企业提高福利支出、减少名义工资的税收筹划方法包括：为职工提供免费交通接送服务或将单位用车租借给职工使用，再从职工工资中扣除该部分费用；为职工提供免费餐饮服务，个人因公在城区、郊区工作，不能在工作单位或返回就餐，确实需要在外就餐的，根据实际误餐顿数，按特定标准领取的误餐补助可以免税；为职工提供有关住房的设施、设备，比如电话、水、电、暖气等；以工会的名义定期为职工提供外出旅游的机会；为职工提供医疗、培训等福利，还可以为其子女提供奖学金、助学金等。

84. 如何通过税收筹划实现薪酬均衡化？

我国的个人所得税对工资、薪金所得采用的是七级超额累进税率，税率从3%、10%、20%到25%、30%、35%、45%。总的来说，收入越高，适用的累进税率也就越高，需要缴纳的个人所得税也就越多。

在超额累计税率的情况下，如果纳税人的薪酬浮动比较大，工资、薪金类收入极不平均，那么所需要缴纳的税金也就会随之变化。

我国在经历了个税改革之后，实行个人所得税年度汇算清缴制度，纳税人除了可以添加专项扣除项目，享受一定的免税额度外，综合所得年收入不超过 12 万元或年度补税金额较低的纳税人，依照国家进一步减轻纳税人特别是中低收入群体负担政策，可以免除汇算清缴义务。

通过税收筹划实现薪酬均衡化，可以有效降低职工的税收负担。那么，具体来说，都有哪些方式和方法呢？

（1）平均分摊法

在实际的社会生活中，有不少岗位的月度薪资会出现非常不平均的情况，销售就是其中非常典型的岗位。比如，A 公司对销售职工的薪酬采用"底薪 2000 元 +1% 业绩提成"的模式，每年销售旺季时，销售职工小 M 每个月的业绩提成为 20000~30000 元；而到了销售淡季时，小 M 基本上没什么业绩提成，相当于只拿底薪。在这样的情况下，企业可以采用平均分摊法，将小 M 在旺季的业绩提成分摊到淡季，如此一来就可以实现切实有效地节税。

此外，一些受季节或者产量等因素影响的特定行业，如远洋运输业、采掘业、远洋捕捞业等，在其职工工资收入波动幅度较大的情况下，也可以采用平均分摊法，综合统筹职工每个月度的工资或薪酬。此举能为员工节税，提高其实际收入，从而提高其工作积极性。

（2）一次性奖金统筹法

财政部、国家税务总局发布的 2021 年第 42 号文件明确规定：为扎实做好"六保"工作，进一步减轻纳税人负担，《财政部 国家税务总局关于个人所得税法修改后有关优惠政策衔接问题的通知》（财税〔2018〕164 号）规定的全年一次性奖金单独计税优惠政策，执行期限延长至

2023 年 12 月 31 日。

居民个人取得全年一次性奖金，符合《国家税务总局关于调整个人取得全年一次性奖金等计算征收个人所得税方法问题的通知》（国税发〔2005〕9 号）规定的，不并入当年综合所得，以全年一次性奖金收入除以 12 个月得到的数额，按照本通知所附按月换算后的综合所得税率表，确定适用税率和速算扣除数，单独计算纳税。计算公式为：应纳税额 = 全年一次性奖金收入 × 适用税率 – 速算扣除数。居民个人取得全年一次性奖金，也可以选择并入当年综合所得计算纳税。

根据上述政策，企业可以根据职工收入的实际情况，对年终奖的发放时间和年终奖与工资的比例进行调整，以达到节税的目的。

85. 如何通过税收筹划实现项目互转化？

所谓项目转化的税收筹划，简单来说，就是企业通过灵活地、正确地将诸如销售、购买、运输、建房等业务，以及诸如品牌、标识等无形资产转让等，合理转化为投资或合营业务，从而达到节税目的的方法和技巧。

那么，怎样才能通过税收筹划来实现项目的互转化呢？

（1）挂靠免税项目

《中华人民共和国增值税暂行条例》中规定了七类项目免征增值税，

分别是：农业生产者销售的自产农产品；避孕药品和用具；古旧图书；直接用于科学研究、科学试验和教学的进口仪器、设备；外国政府、国际组织无偿援助的进口物资和设备；由残疾人的组织直接进口供残疾人专用的物品；销售的自己使用过的物品。企业可以通过挂靠免征增值税项目，借助改变经营范围和经营项目，来享受免征增值税的政策，从而达到节税的目的。

（2）主体转化减税

出租房产是以租金收入作为计税依据的。我国税法规定，直接出租需要缴纳税金，而转租则不需要缴纳房产税。对于有出租房产的企业来说，可以通过关联企业转租的主体转化方式来节税。

我国税法规定，独立于房屋之外的建筑物不征房产税，但与房屋不可分割的附属设施或者一般不单独计价的配套设施需要并入原房屋原值计征房产税。对涉税的主体项目进行分拆、转化，可以达到减税的目的。比如，企业可以把房屋与非房屋建筑、附属设备、配套设施等进行合理划分，在会计核算时单独列示、分别核算，如此一来就可以给企业节省一部分房产税税金。

（3）巧用项目布局减税

中外合作开采石油、天然气，按照现行规定只征收矿区使用费，暂不征收资源税。如果是从事石油、天然气开采的企业，则可以通过中外合作的方式来享受免征资源税的政策。

对于伴生矿，已按主产品作为应税品目，并确定了适用税额，所以不再单独计算纳税。对于以精矿形式伴选出的副产品不征收资源税。因此，企业可以通过大力开发伴生矿、伴选副产品的方式来享受国家的税收优惠政策。

对洗煤、选煤和其他煤炭制品不征税，但对加工洗煤、选煤和其他煤炭制品的原煤照章征收资源税。因此，企业可以通过调整业务的产业结构或主营项目方向来规避一部分资源税。

86. 如何通过税收筹划实现福利期权化？

企业为了保留员工，往往会制定一系列的福利和激励制度，除了节假日、生日礼品或礼金、年底奖金、季度奖金、月度奖金等各类奖金外，对于那些对公司有重大影响的关键岗位，比如高管、研发、销售等，为了充分调动其工作积极性，不少企业会通过期权的方式来进行长期激励。

期权属于财务激励的一种，从财务的角度，也就是宏观的角度来看，给多少激励，股票和期权怎么计入成本。而计入成本就要涉及对当年的财务报表产生影响，进而对企业和持有期权职工的税负产生影响。企业对期权福利进行筹划，对于降低企业自身和持股职工的税负都有积极意义。

《财政部 国家税务总局关于个人所得税法修改后有关优惠政策衔接问题的通知》明确规定了关于上市公司股权激励的政策。

一是居民个人取得股票期权、股票增值权、限制性股票、股权奖励等股权激励（以下简称"股权激励"），符合《财政部 国家税务总局关于个人股票期权所得征收个人所得税问题的通知》（财税〔2005〕35号）、《财政部 国家税务总局关于股票增值权所得和限制性股票所得征收个人所得税有关问题的通知》（财税〔2009〕5号）、《财政部 国家税务总局关于将国家自主创新示范区有关税收试点政策推广到全国范围实施的通知》（财税〔2015〕116号）第四条、《财政部 国家税务总局关于完善股权激励和技术入股有关所得税政策的通知》（财税〔2016〕101号）第四条第（一）项规定的相关条件的，在2021年12月31日前，不并入当年综合所得，全额单独适用综合所得税率表，计算纳税。计算公式为：应纳税额=股权激励收入×适用税率－速算扣除数。

二是居民个人一个纳税年度内取得两次以上（含两次）股权激励的，应合并，不并入当年综合所得，全额单独适用综合所得税率表，计算纳税。

（1）不可公开交易的股票期权

如果是不可公开交易的股票期权，则在授权时不计征个人所得税；行权前转让，转让净收入作为工资、薪金所得征税；若行权前未转让，在行权时按工资、薪金所得计税；持有期间取得收益，按利息、股息、红利所得计税；行权后转让股票，按财产转让所得适用的征免规定计税。

（2）可公开交易的股票期权

如果是可公开交易的股票期权，则在授权时按工资、薪金所得计税；行权前转让，按财产转让所得计税；行权时不计税；持有期间取得收益，按利息、股息、红利所得计税；行权后转让股票，按财产转让所得适用的征免规定计税。

第十二章

企业产权重组的税收筹划

87. 企业重组方式有哪些？

在企业的实际经营活动中，重组是一种非常常见的组织变动形式，重组的方式也是多种多样的。一般来说，企业重组的常见方式有合并、兼并、收购、分立等。

（1）合并

合并，顾名思义，是指两家或两家以上的企业组合在一起。需要注意的是，参与组合的所有企业都不以法律实体形式存在，而是共同建立一家新公司，这才是合并。

《中华人民共和国公司法》明确规定，公司合并可分为吸收合并和新设合并两种形式。一家公司吸收其他公司为吸收合并，被吸收的公司解散；两家以上公司合并设立一家新的公司为新设合并，合并各方解散。也就是说，从广义上来说，合并也包括了兼并。

（2）兼并

兼并，是指两家或两家以上的企业组合在一起，其中一家企业保持原有名称，其他企业解散。

1996年8月24日财政部颁发的《企业兼并有关财务问题的暂行规

定》中指出，兼并是指一家企业通过购买等有偿方式取得其他企业的产权，使其失去法人资格或虽保留法人资格但变更投资主体的一种行为。

（3）收购

收购，简单来说，是指企业以购买全部或部分股票的方式购买了另一企业的全部或部分所有权，或者以购买全部或部分资产的方式购买了另一企业的全部或部分所有权。

（4）分立

分立，简单来说，是指按照法律规定、合同约定，分设两家及以上的投资主体相同的企业。一般来说，可以按照两种方式来进行企业分立：一是在原企业存续的基础之上，把一部分业务或项目分出来设立新企业，可以根据企业的实际情况决定要设立一家还是数家新企业；三是解散原企业，就分立出的各个业务或项目分别设立新企业。在企业分立中，新设方、派生方承受原企业房屋、土地权属的，不征契税。

88. 股权重组下如何进行税收筹划？

根据企业所得税法相关规定，企业转让股权取得的收入应作为企业的收入总额计算应纳税所得额。企业转让资产，该项资产的净值准予在计算应纳税所得额时扣除。这里所说的"净值"，具体来说是指有关资产、财产的计税基础减除已经按照规定扣除的折旧、折耗、摊销、准备金等后的余额。

股权重组下的税务处理可以分为一般性税务处理与特殊性税务处理。

（1）一般性税务处理

股权被收购方应确认股权转让所得或损失，收购股权方取得股权的计税基础应当以公允价值为基础确定，被收购股权企业的相关所得税事项原则上保持不变。

（2）特殊性税务处理

特殊性税务处理需同时满足五个条件：一是具有合理的商业目的，且不以减少、免除或者推迟缴纳税款为主要目的；二是收购企业购买的股权不低于被收购企业全部股权的50%；三是企业重组后的连续12个月内不改变重组资产原来的实质性经营活动；四是收购企业在该股权收购发生时的股权支付金额不低于其交易支付总额的85%；五是企业重组中取得股权支付的原主要股东，在重组后连续12个月内不得转让所取得的股权。

特殊性税务处理的基本原则为：一是被收购企业的股东取得收购企业股权的计税基础，以被收购股权的原有计税基础确定；二是收购企业取得被收购企业股权的计税基础，以被收购股权的原有计税基础确定；三是收购企业、被收购企业的原有各项资产和负债的计税基础和其他相关所得税事项保持不变。

企业可以根据股权重组的实际情况，做好采用一般性税务处理或特殊性税务处理的筹划，以收到最佳的节税效果。

第十二章 企业产权重组的税收筹划

89. 债务重组下如何进行税收筹划?

"债转股"是债务重组最常见的方式和形式,简单来说,就是企业负债后,债权方可以将企业欠自己的债务转为持有企业一定比例股份的行为。债务重组可以减少企业的负债,降低企业的税务负担,有力地促进企业的可持续发展。

在企业的实际经营过程中,"债转股"最常见的原因是企业无力偿还欠债,债权人为了保证自己的经济权益而无奈选择"债转股"。不管是什么原因,"债转股"企业重组时,都必须做好相关的税收筹划工作。

(1)"债转股"的一般性税务处理

企业发生债权转股权的,应当分解为股权投资和债务清偿两项业务,并认真确认有关债务清偿所得或损失。一方面,债权人应当按照收到的债务清偿额低于债权计税基础的差额,确认债务重组损失;另一方面,债务人应当按照支付的债务清偿额低于债务计税基础的差额,确认债务重组所得。需要注意的是,债务人的相关所得税纳税事项原则上保持不变。

我们可以通过下面的实例来理解"债转股"的税务处理。

2020年8月，M公司欠K公司货款含税金额113万元（税率为13%），约定2021年1月支付。由于M公司经营困难，2021年2月，M、K两家公司达成债务重组协议，K公司同意豁免23万元，同时另外90万元以M公司10%的股权支付，股权公允价格为90万元。

在这个实例中，当M、K公司间的债转股属于一般性税务处理时，应当分解为股权投资和债务清偿两项业务，M公司确认债务重组所得23万元，与此同时K公司也应当确认债务重组损失23万元。这时候，K公司确认M公司10%股权的计税基础为90万元，K公司销售货物的应税所得保持不变，仍需缴纳100万元货款收入（113/1.13）对应的企业所得税。

（2）"债转股"的特殊性税务处理

只有符合条件的"债转股"才适用于特殊性处理。总的来说，特殊性税务处理要同时具备四个条件：一是具有合理的商业目的，且不以减少、免除或者推迟缴纳税款为主要目的。也就是说，以少交、迟交税款为目的的"债转股"，不符合特殊性税务处理的条件。二是企业重组后的连续12个月内不改变重组资产原来的实质性经营活动，对于在12个月内改变经营活动的，则不符合特殊性税务处理的条件。三是重组交易对价中涉及股权支付金额，股权支付金额不低于其交易支付总额的85%。四是企业重组中取得股权支付的原主要股东，在重组后连续12个月内不得转让所取得的股权。

"债转股"的特殊性税务处理方式是：当企业发生债权转股权时，对股权投资和债务清偿两项业务暂不确认有关债务清偿损失或所得，股权投资的计税基础以原债权的计税基础确定。需要注意的是，企业的其他相关所得税事项保持不变。

债转股合同或协议不在印花税缴纳列举范围之内，不管企业是债权人还是债务人，就债转股业务签订的合同或协议，均不需要缴纳印花税。不过，实收资本还是需要缴纳印花税的，需要按照实收资本、资本公积的合计金额缴纳印花税。

企业可以根据自身债务重组的实际情况，选择进行一般筹划或特殊筹划，从而达到节税的目的。

90. 企业重组分为哪些类型？

企业重组的情况多种多样，我们可以根据企业重组的内容，对其进行划分。具体来说，企业重组可以划分为产权重组、产业重组、组织结构重组、管理重组、债务重组等类型。

（1）产权重组

产权重组，顾名思义，是指以企业财产所有权为基础的一切权利的变动与重组。比如出资者所有权等终极所有权的转让、企业全部或者部分经营使用权的让渡等，都属于产权重组。在企业的实际经营活动中，产权重组既可以是全部的整体产权，也可以是部分产权。股权转让、收购、兼并等活动，从本质上来说，都属于产权重组。

（2）产业重组

产业重组，简单来说，就是企业基于对现有资产和现有产业的盘点，将有限的资产存量在不同产业部门之间流动、重组或在相同产业部门之间集中、重组，以使产业结构更加优化、资本增值能力更强、企业更有竞争力。一般来说，大型集团在遭遇资金困境或市场环境变化时，往往会断臂求生，砍掉亏损产业，将资源集中到优势产业上，这就是非常典型的产业重组。

（3）组织结构重组

组织结构重组往往伴随着企业产权重组、产业重组等，当企业完成产权重组、债务重组、产业重组后，就要设置相应的组织结构和组织形式，比如设立哪些组织机构、不同组织机构承担哪些职能、组织机构之间的关系如何处理、管理层人选怎样调整等，这些都属于组织结构重组。

（4）管理重组

管理重组的目的是通过创造一个能长远发展的管理模式或方式，来帮助企业在不断变化的市场环境中更好地生存发展。企业的管理重组是指企业管理适应管理组织、管理责任、管理目标变化的一种动态调整，由此会重新确立一种企业管理架构形式，从而推动企业管理效率的提高。

（5）债务重组

债务重组，简单来说，就是通过对企业债权债务的处理，从而调整债权债务关系的重组方式，可以有效解决企业的财务困境，提高企业的运行效率。

一些大中型企业虽然发展前景不错、产品市场看好，但因为负债过多，发展受到阻碍。针对这类企业，国家实施了"债转股"的办法，可以将企业的债务转化为资本，大大缓解企业的债务压力。"债转股"就属于非常典型的债务重组。

91. 企业合并时怎样完善税收筹划？

企业合并时，一般会涉及契税、印花税、增值税、土地增值税、企业所得税5个税种。做好这5个税种的税收筹划，对于企业合并节税、减税具有积极的现实意义。

（1）契税

契税的征收依据是不动产价格，但不动产价格又涉及非常多的细节。如果是房屋赠与、土地使用权赠与，则一般会按照房屋买卖、土地使用权出售的市场价格来核定不动产价格。

我国税法明确规定，企业合并中的存续方或新设方，即便承受了被解散方的房屋、土地权属，如满足合并前各方是相同投资主体的条件，则不征契税，其余的征收契税。因此，企业可以通过合并的方式来享受这一契税减免优惠。

（2）印花税

任何一家企业的生产、经营都离不开经济合同，印花税就是针对经济活动和经济交往中书立使用、领受具有法律效力的凭证的单位和个人所征收的一种税。印花税的课税对象是合同双方，以合同金额作为计税依据。

我国税法明确规定，以合并或分立方式成立的新企业，其新启用的资金账簿记载的资金，凡原已贴花的部分可不再贴花，未贴花的部分和以后新增加的资金按规定贴花。

（3）增值税

增值税是企业缴纳税金中占比比较高的税种，对于企业来说，对增值税进行合理的税收筹划，可以较大限度地降低企业的税负。

我国税法明确规定，纳税人在资产重组过程中，通过合并、分立、出售、置换等方式，将全部或者部分实物资产以及与其相关联的债权、负债和劳动力一并转让给其他单位和个人，不属于增值税的征税范围，其中涉及的货物转让，不征收增值税。

（4）土地增值税

当企业同时开发多处房地产时，在核算方式上就既可以合并核算，也可以分别核算，而核算方式的不同也会导致企业所缴纳的土地增值税不同。一般来说，规模大、工期长的项目，按一定区域或部分划分成本核算对象，可以更节省税金。企业可以根据实际情况来选择更节税的核算方式。

（5）企业所得税

在企业合并时，一般税务处理为：合并企业接受被合并企业资产和负债的计税基础，以公允价值确定；被合并企业的亏损不得在合并企业结转弥补。

企业可以根据自身的实际合并情况，综合对涉及的税种进行筹划，只有这样，才能达到最大限度节税的目的。

92. 企业分立时怎样完善税收筹划？

企业分立，简单来说，就是将原有的一家企业分成两家或两家以上独立企业的行为。一般来说，企业分立主要有两种方式：一是存续分立，即把现有存续的原企业分离成两家或两家以上独立企业，也就是原企业继续存在，并设立了一家以上新企业；二是新设分立，也叫解散分立，即一家企业分散为两家以上新企业，也就是原企业解散并设立两家以上新企业。

企业分立涉及的税种有增值税、土地增值税、企业所得税、个人所得税、契税等，与此相关的涉税政策和规定如下。

（1）增值税

《财政部　国家税务总局关于全面推开营业税改征增值税试点的通知》规定，在资产重组过程中，通过合并、分立、出售、置换等方式，将全部或者部分实物资产以及与其相关联的债权、负债和劳动力一并转让给其他单位和个人，其中涉及的不动产、土地使用权转让行为不征收增值税。另据《国家税务总局关于纳税人资产重组有关增值税问题的公告》，纳税人在资产重组过程中，通过合并、分立、出售、置换等方式，将全部或者部分实物资产以及与其相关联的债权、负债和劳动力一并转让给其他单位和个人，不属于增值税的征税范围，其中涉及的货物转让，不征收增值税。

（2）土地增值税

《财政部　国家税务总局关于继续实施企业改制重组有关土地增值税政策的通知》规定，按照法律规定或者合同约定，企业分设为两家或两家以上与原企业投资主体相同的企业，对原企业将房地产转移、变更到分立后的企业，暂不征收土地增值税。

（3）企业所得税

对于企业分立时企业所得税的一般性税务处理为：分立企业对分立出去的资产应按公允价值确认资产转让所得或损失；分立企业应按公允价值确认接受资产的计税基础；分立企业继续存在时，其股东取得的对价应视同被分立企业分配进行处理；分立企业不再继续存在时，被分立企业及其股东都应按清算进行所得税处理；企业分立相关企业的亏损不得相互结转弥补。

（4）个人所得税

企业分立，如果企业的股东中有自然人，就可能会涉及个人所得税。企业分立，当股东持股保持不变时，则不涉及自然人股东个人所得税的缴纳；只有当涉及自然人股东个人所持股份的转让时，才需要按照财产转让所得征收个人所得税。

（5）契税

《财政部 国家税务总局关于继续执行企业事业单位改制重组有关契税政策的公告》规定，公司依照法律规定、合同约定分立为两家或两家以上与原公司投资主体相同的公司，对分立后公司承受原公司土地、房屋权属，免征契税。所谓"投资主体相同"，是指企业改制重组后出资人不发生变动，出资人的出资比例可以发生变动。比如企业分立、股东分家等方式，房地产过户到新设公司，则应当缴纳契税。

93. 企业清算时如何完善税收筹划？

企业清算，是指企业按章程规定解散以及由于破产或其他原因宣布终止经营后，对企业的财产、债权、债务进行全面清查，并进行收取债权、清偿债务和分配剩余财产的经济活动。只有按照公司法等相关规定完成企业清算，才可以正常注销公司，彻底结束经营。

《中华人民共和国公司法》明确规定，公司财产在分别支付清算费用、职工的工资、社会保险费用和法定补偿金，缴纳所欠税款，清偿公司债务后的剩余财产，有限责任公司按照股东的出资比例分配，股份有限公司按照股东持有的股份比例分配。只有做好企业清算时的税收筹划，公司股东才能分配到更多财产。

那么，企业清算时的涉税政策都有哪些呢？

（1）企业所得税

《国家税务总局关于企业清算所得税有关问题的通知》规定，在企业清算时，应当以整个清算期间作为一个纳税年度，依法计算清算所得及其应纳所得税。企业应当自清算结束之日起15日内，向主管税务机关报送企业清算所得税纳税申报表，结清税款。

企业的全部资产可变现价值或交易价格，减除资产的计税基础、清算费用、相关税费，加上债务清偿损益等后的余额，为清算所得。

企业清算期间不属于正常的生产经营期间，不能享受法定的减免税优惠政策，一律适用25%的税率。

（2）职工个人所得税

我国税法明确规定，个人与用人单位解除劳动关系取得一次性补偿收入（包括用人单位发放的经济补偿金、生活补助费和其他补助费），在当地上年职工平均工资3倍数额以内的部分，免征个人所得税；超过3倍数额的部分，不并入当年综合所得，单独适用综合所得税率表，计算纳税。

依照国家有关法律、法规宣告破产，企业职工从该破产企业取得的一次性安置费收入，免征个人所得税。

（3）股东涉税

在企业清算时，涉及股东的从清算企业剩余财产中分回的财产，超出其投资成本或计税基础的，需要依法纳税。

如果是股息所得、投资转让所得，则适用于企业所得税；如果是个人财产转让所得，比如终止投资行为取得的违约金、补偿金、赔偿金以及股权转让收入等，均属于个人所得税应税收入。

（4）契税

因经营管理不善造成严重亏损，无法清偿到期债务而依法宣告破产的企业，在破产清算期间，对债权人（包括破产企业职工）承受破产企业房屋、土地权属以抵偿债务的，免征契税。

（5）增值税

如果企业清算是因为企业重组引起的，那么，将全部或者部分实物资产以及与其相关联的债权、负债和劳动力一并转让给其他单位和个人，不属于增值税的征税范围，其中涉及的货物转让，不征收增值税。

此外，企业在清算过程中，如果涉及不动产转让，则应依法缴纳土地增值税。

第十三章

建安、市政工程、园林等企业的合规的节税工具

94. 网络货运如何使用节税工具？

近年来，随着互联网和数字经济的快速发展，网络货运获得了快速发展。据交通运输部网络货运信息交互系统统计，截至2021年12月31日，全国共有1968家网络货运企业（含分公司），整合社会零散运力360万辆、驾驶员390万人，全年完成运单量6912万单，由此也不难看出网络货运的规模和"红火"。

与传统货运相比，网络货运是近年来涌现出来的新事物，货拉拉、顺丰快递、京东快递、韵达快递、菜鸟快递等我们日常生活中非常熟悉的行业，实际上都属于网络货运。

网络货运，具体来说，就是企业依托互联网平台来整合调度运输资源，与托运人签订运输合同，完成道路货物运输，承担承运人责任的货物运输经营活动。那么，网络货运行业的税收筹划具体要怎么做？

（1）资产规模的合理筹划

网络货运企业如果采用轻资产的平台模式来运营，那么其在实际运营活动中会缺少购置资产的进项税额，这样一来所需要承担的税负就会相对较高。可以通过产业园区购买或租赁商业不动产、购买运输车辆等重资产的方式，来增加增值税的进项税额，从而达到节税的目的。

（2）积极拥抱物联网新技术

物联网技术属于目前的新技术，企业可以积极参与物联网技术的研发和应用、推广，参与高新技术企业认定、双软认证等，从而享受国家的税收优惠政策，最终达到节税的目的。

（3）关注物流产业园区

目前，我国部分地区为了鼓励物流行业的发展，出台了一些过渡性的税收优惠政策，可以有效降低企业的税负过高问题，比如江西省、安徽省、天津自贸区等地的物流产业园区。企业要积极关注这些物流产业园区的税收政策，并根据自身的实际经营情况及时申请适用优惠政策。

95. 灵活用工如何合规节税？

按照我国现行的社保政策，十类员工可以免交社保。符合免交社保政策的员工包括：返聘的退休人员、签订实习协议聘用的实习生、承包商派遣人员、停薪留职人员、协保人员、非独立劳动的兼职人员、个体户外包企业业务、非全日制用工、灵活就业人员、劳务派遣人员。

对于企业来说，灵活用工就属于可以免交社保的范畴，可以合法、合规地减少企业员工缴纳社会保障金的人数，切实降低企业的劳务支出。此外，做好灵活用工的税收筹划，还可以达到节税、减税的目的。

所谓"灵活用工"，简单来说，是指企业与劳动者签订劳务合同，与传统的劳动合同相比，双方在时间、报酬方面都更加灵活，同时企业也不用给劳动者缴纳社保，经营成本降低。如今非常常见的互联网众包模式，快递小哥、外卖员、滴滴司机等就是互联网业态下比较典型的灵活用工。

对于企业来说，灵活用工可以节省社保成本；对于劳动者来说，工作时间更加灵活自由，但双方都会受制于税收的影响。对于灵活用工的企业来说，劳动者往往是个人，无法提供发票或者不愿意提供发票，这就使得企业无法获得用工的税前扣除凭证，导致企业所得税很可能会增加。对于劳动者来说，取得劳动报酬用人单位需要按照20%预扣预缴个人所得税，也是非常不划算的。

那么，灵活用工要怎样合规节税呢？

企业可以通过灵活用工平台节税。灵活用工平台既可以帮助劳动者申报个人所得税，又可以给用工企业开具发票，对于企业和劳动者来说是双赢的。

灵活用工平台往往会与多地政府签订委托代征协议，可以将劳动者视为个人工商户进行个人所得税核定征收，一般月收入不足10万元的，可以免征增值税。如果灵活用工平台入驻的园区有税率优惠政策，则还可以享受更低的税率，能够大幅节省税金。

需要注意的是，并不是所有的工作都适用于灵活用工，企业要根据实际工作情况控制好灵活用工的比例。一般来说，灵活用工适用于工作性质更偏向按劳动分配所得或者工作量不均衡的岗位，比如美术设计、文案创作、市场调研、年底审计等。此外，对于本来就与企业建立了劳务关系的劳动者，如果双方都有真实意向不缴纳社保、不坐班、不全职等，则可以将劳动关系转换为合作关系，也是一件皆大欢喜的事。

96. 私车公用如何节税?

一些企业在公账上没有车辆，车辆登记在老板、高管等人名下，但车辆实际上为企业经营所用；或者企业本身周期性或临时性用车，购买车辆不划算，而选择了租用职工的私人车辆。在企业的实际经营活动中，这类"私车公用"的现象是比较普遍的。

那么，私车公用的涉税问题要怎样处理呢? 如何才能达到节税的目的呢?

企业要想实现私车公用零风险，一定要做到三点。

（1）租车协议

私车公用在税法上是允许的，但不能规定零元租金，也就是不能无偿使用。如果签订的是无租金的租车协议，则会导致车辆发生费用无法在企业所得税前扣除的风险。一些税务机关会认为，无租金的租车协议，车辆发生的费用应归属个人费用，不得计入公司费用支出。

（2）支付租金

私车公用的租金，金额的多少要合理，支付私车所有者的租金每月每次最好不超过 500 元，车辆发生的油费、高速费、停车费等可以由企业承担。这样可用个人收据入账，超出 500 元的必须由个人去税务局代开租车费发票，按照"有形动产租赁"税目缴纳增值税后，方能到企业报销相关运营费用。

（3）用车制度

建立用车制度，记录车辆使用情况，才能更好地分清是个人费用还是企业费用，两者不能相互混淆，这样才能更加精准地对私车公用的费用做好税前扣除，切实达到节税的目的。

如果私车公用使用的是老板的车辆，那么，还可以考虑与企业签订旧机动车买卖合同，办理车辆过户，一次性缴纳二手车辆交易税务。当企业取得交易发票后，车辆的所有权转归企业名下，这样车辆的折旧、保险、使用等相关的费用支出就可以在企业所得税前扣除，老板也不必承担个人所得税。

企业可以根据自己私车公用的实际情况，选择合适的税收筹划方案，从而达到节税、减税的目的。

97. 核定征收情况下如何节税？

核定征收是一种税收优惠手段，其优惠范围广、优惠力度大、工商流程不复杂，广受小规模纳税人申请税收优惠的欢迎。

核定征收实际上是核定征收税款的简称，对于一些小规模纳税人，在实际经营活动中，由于普遍存在会计账簿不健全、资料残缺查账困难或者其他原因等，常常会出现难以准确确定纳税人应纳税额的情况。对此，税务机关会采用合理的方法依法来核定纳税人应纳税款，这种税款征收方式就属于核定征收。

《国家税务总局核定征收企业所得税暂行办法》明确规定，纳税人具有下列情形之一的，应采取核定征收方式征收企业所得税：依照税收法律法规规定可以不设账簿的或按照税收法律法规规定应设置但未设置账簿的；只能准确核算收入总额，或收入总额能够查实，但其成本费用支出不能准确核算的；只能准确核算成本费用支出，或成本费用支出能够查实，但其收入总额不能准确核算的；收入总额及成本费用支出均不能正确核算，不能向主管税务机关提供真实、准确、完整的纳税资料，难以查实的；账目设置和核算虽然符合规定，但并未按规定保存有关账簿、凭证及有关纳税资料的。

核定征收主要包括定额征收和核定应税所得率征收两种方式。企业可以根据自身的实际情况，提前筹划适用哪种核定征收方式更有利，从而达到核定征收情况下的节税目的。

符合规定条件的小型微利企业，无论采取查账征收还是核定征收方式，均可享受小型微利企业所得税优惠政策。已经享受核定征收的小型微利企业，要用好、用足税收优惠政策。

此外，还可以通过直接成立一家个人独资企业的方式来享受核定征收。核定征收后就不必再缴纳企业所得税和分红税，只需要缴纳0.5%~2.19%的个人经营所得税即可。独资企业老板要想提取企业利润，除缴纳 0.5%~2.19% 的个人经营所得税外，再缴纳 3% 的增值税、0.18% 的附加税，就可以把剩下的钱都提到自己的个人银行账户上了。

98. 自然人代开时如何节税？

自然人代开，顾名思义，是指个人和企业真实发生业务后，企业支付报酬，个人可以去税务局申请代开发票，这样取得的发票可以入账节税。

只要是建立在发生真实业务基础之上的，自然人代开发票是有法律依据的。《中华人民共和国发票管理办法实施细则》明确规定，凡需向税务机关申请开具发票的单位和个人，均应提供发生购销业务，提供接受服务或者其他经营活动的书面证明，对税法规定应当缴纳税款的，税务机关应当在开具发票的同时征税。

那么，具体来说，在运用自然人代开时，如何节税呢？

一般来说，自然人代开所获得的报酬，个人需要按照劳务报酬的 20% 预缴个人所得税，在操作上也会比较麻烦。但一些地区有关于自然人代开的税收优惠政策，自然人可以通过税务局代开，享受个人所得税核定 0.5%，加上增值税 1% 和附加税 0.06%，综合税率仅为开票额的 1.56%+ 服务费，比常用的个人独资和个体户的税负成本还要低。比如，山东省税务局会将个人视同为个体工商户与公司发生业务合作，按照"经营所得"核定个人所得税，税率仅为0.5%。对此，企业要想在自然人代开时节税，就一定要关注税收优惠地，尽可能地在税收优惠地进行自然人代开。

自然人代开节税适用于各行各业，不管是材料类、服务类，还是工程类，开票品目多达百种，企业可以根据自己的实际需要来进行筹划。此外，在自然人代开发票的金额上也比较自由，目前一般税务大厅代开的要求是单人10万元以上5000万元以内，这就为企业运用自然人代开节税提供了非常大的筹划空间。

更便利的是，随着电子政务的广泛应用，不少地区的自然人代开已经不需要自然人必须到现场开具了，自然人只需在相关税务局的官网上注册，提供自己的身份证信息以及企业的开票信息即可，电子发票也无须邮寄或领取。

总的来说，自然人代开节税具有非常明显的优势，不仅合法、合规，而且综合税率低，资金不涉及第三方而由企业直接付给指定的自然人，当天就可以出票和提供完税证明，安全、高效。

99. 砂石平台有什么合规的节税方法？

砂石硬度良好、化学性质稳定，不管是建筑材料、混凝土原料都离不开砂石，砂石被广泛应用于房屋、公路、道路、铁路、工程等建设。

在现实社会中，砂石的来源主要是从大自然中进行开采。一般来说，砂石来源的上游往往是个人或者个体工商户等，由于难以开具相关的发票，导致下游的建安等企业无法取得相关的进项税额，从而导致较高的税负压力。

那么，砂石平台有没有合规的节税方法呢？

如果甲方对砂石贸易企业没有开具发票的要求，那么砂石平台可以在享受税收优惠政策的园区内注册一般纳税人的砂石贸易公司，并申请园区的核定征收政策和简易征收政策。

简易征收政策，增值税一般按3%进行征收，没有营业额上限；核定征收政策，企业所得税按照1%进行核定，没有营业额上限。即便再加上其他税种，综合税率也可以达到比较低的水平。专业人士测算，采用这种节税方法，增值税3%+附加税0.36%+企业所得税1%+股东分红税1%=5.36%，最低可以享受不到6%的综合税率，可以大大降低砂石平台的税务成本。

如果甲方要求砂石贸易企业开具与贸易额相应的增值税发票，那么砂石平台同样可以在税收洼地注册一家一般纳税人的砂石贸易公司，根据甲方要求，正常开具13%的增值税发票，然后申请园区所在地方的财政奖励增值税和企业所得税优惠政策。一些地方会返还一定的增值税税额和企业所得税税额，也可以非常有效地降低砂石平台的税务成本。

需要注意的是，地方财政的奖励政策和简易征收政策不能同时享受，具体哪种政策更划算，需要企业提前做好税收筹划。

第十三章 建安、市政工程、园林等企业的合规的节税工具

100．还有什么其他税收优惠政策？

对于建安类企业来说，房产税、土地增值税是绕不开的两个重要税种。

（1）房产税

我国是一个地大物博的国家，只要有人的地方，就一定会有房产。需要注意的是，目前房产税在我国的征收并不是"有房产就征收"，而是有一定范围的，房产税主要在城市、县城、建制镇和工矿区征收。也就是说，在房产税征收范围之外的房产是不必缴纳房产税的。企业可以通过把不影响经营的一部分房产设置在农村来节省税金，比如把仓库建在附近的农村。

我国税法规定，外购土地及建筑物支付的价款应当在建筑物与土地使用权之间进行分配；难以合理分配的，应当全部作为固定资产。企业在取得土地使用权之后，如果自行建造厂房、办公楼等建筑物，则可以根据"配比"原则，分别对外购土地价款和建筑物支付价款进行合理分配，并分别进行账户处理，如此一来就可以节省不必要的房产税开支。

房产以及房产附属的设备等，在实际使用过程中会出现财产损毁、报废、超期使用等情况，企业可以通过定期检查房屋以及不可分割的附

属物，及时做好财产清查登记并报税务机关，如此一来就可以降低房产原值，从而减轻税负。对于有一定年限的房产，常常会产生一些诸如楼顶重布防水层、损坏门窗更换等维修费用，企业可以把房产的资本性大修理支出拆解成多次收益性小修理支出，这样修理费可以从损益中扣除，不会增加房产税的税金。

（2）土地增值税

有统计数据显示，税收成本是仅次于地价和建安的第三大成本。在税收成本中，土地增值税是不可忽视的重要组成部分。

以房地产企业为例，包含相关设备和装修的房屋，可以将合同拆分成两次签订，先签订毛坯房销售合同，再就装修或设备安装签订合同。如此一来，企业只需要就毛坯房销售缴纳土地增值税，装修或设备安装等则不计入土地增值税纳税范围，可以节省一部分税款。

土地增值税采用的是累进税率，纳税人建造普通标准住宅出售，增值额没有超过扣除项目金额的20%时，是免征土地增值税的；如果增值率超过50%、100%、200%，那么适用的税率会依次提高。所以，企业要想节省土地增值税的税金，可以通过选择适当的开发方案，把增值率控制在较低比例，从而把土地增值税的税负成本控制在理想状态。

针对一方出资金，一方出土地，双方合作建房的情况，我国税法规定建成后按比例分房自用的，暂免征收土地增值税。因此，企业可以通过合作建房的方式来节省土地增值税。尤其是非房地产企业，在自行建造厂房、办公楼、员工宿舍时，非常适合通过合作建房来节税。

需要注意的是，企业的代建房业务，其收入属于劳务收入的范畴，不会被划入土地增值税的征收范围。所谓代建房，简单来说，就是企业代客户进行房地产开发，并向客户收取代建费用的行为。对于土地增值税较高的房地产企业来说，可以在开发之前寻找用户，进行定向开发，通过代建房方式来减轻税负。